高校精准化就业指导
服务体系构建与实践研究

田振敏 著

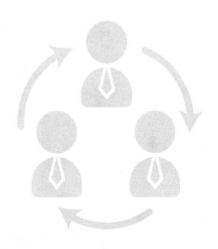

重庆大学出版社

图书在版编目(CIP)数据

高校精准化就业指导服务体系构建与实践研究／田振敏著. --重庆：重庆大学出版社，2024.6
ISBN 978-7-5689-4543-1

Ⅰ.①高… Ⅱ.①田… Ⅲ.①高等学校—毕业生—就业—研究—中国 Ⅳ.①G647.38

中国国家版本馆 CIP 数据核字(2024)第 110132 号

高校精准化就业指导服务体系构建与实践研究

GAOXIAO JINGZHUNHUA JIUYE ZHIDAO FUWU TIXI GOUJIAN YU SHIJIAN YANJIU

田振敏 著

策划编辑：唐启秀

责任编辑：傅珏铭　　版式设计：唐启秀
责任校对：王 倩　　责任印制：张 策

*

重庆大学出版社出版发行
出版人：陈晓阳
社址：重庆市沙坪坝区大学城西路 21 号
邮编：401331
电话：(023) 88617190　88617185(中小学)
传真：(023) 88617186　88617166
网址：http://www.cqup.com.cn
邮箱：fxk@ cqup.com.cn (营销中心)
全国新华书店经销
重庆华林天美印务有限公司印刷

*

开本：720mm×1020mm　1/16　印张：9.5　字数：157千
2024 年 6 月第 1 版　　2024 年 6 月第 1 次印刷
ISBN 978-7-5689-4543-1　定价：58.00 元

前　言

自大学毕业后我便在高校做辅导员，8 年的辅导员生涯中，就业指导一直是重要的工作日常，当年我带的本科生高考调剂率高达 95%，就读于新设的文科专业，学生的专业认同度低，专业思想不稳定，就业前景不明朗，教师该怎么教、学生该怎么学、学生毕业后如何就业？似乎都处在"不确定"之中。我们一线就业工作者在学院的整体部署下，一直非常重视学风建设和对学生职业素养与就业竞争力的培养，在日常管理、学生活动中植入通用能力训练，如演讲角、周末文化广场、"3+X"社会实践等。我们还积极开拓就业市场，通过"请进来"和"走出去"的方式增加学生的职业体验，开展精准度较高的分层分类就业指导。经过几年的引导与积累，毕业时学生们积极求职，就业去向落实率超过 98%，其中考研率达到 50%，而我也在实务工作中不断总结就业指导与服务的方法论。

源于在二级学院就业工作中的成效，后调入学校招生就业处从事专职就业指导工作，一晃就是 10 余年，工作充实而有意义，因为这是我倾注心血并真正热爱的事业。在此期间先后经历了："大学生职业发展与就业指导"必修课获评首批全国高校职业发展与就业指导示范课程，学校获评教育部"全国毕业生就业典型经验高校"，建设了全国首批全程化、个性化的职业生涯发展中心，而自己也成为往"专业化""专家化"方向发展的就业工作者。

在就业指导战线近 20 年，对工作实务可谓了如指掌，但是近些年出现了不少新动向、新挑战，如毕业生的慢就业、缓就业、懒就业，学生们从几年前愿意到热门行业工作到现在的"宇宙的尽头只有编制"；从若干年前的考研不成功就先就业或边工作边考研，到全职"二战"甚至"三战"；从追求"高薪"到追求"双休"……我们发现学生喜欢在 App、小程序中浏览就业信息或申请就业活动，喜欢听短视频平台的"段子手"讲学业规划,倾向于查阅"小红书"获取第一手的备考或面试攻略,愿意向 ChatGPT 提问获得关于人生困惑的解答,他们喜欢体验式、游戏化、项目制的课堂,愿意表达、讨论和展示,不喜欢被说教但接受平等对话。总之,国内外社会经济环境的变化,我国产业结构的调整升级,大数据、人工智能、互联网、新媒体的发展都给传统的就业指导与服务带来新的挑战。

我们还发现很多学生在校期间除了在就业指导课、就业动员会上听听领导老师讲就业,几乎没有接受过任何个性化、精准化的就业指导。"先就业,后择业""到祖国最需要的地方去""到新业态就业创业",仿佛跟学生说过类似的话,就算是做过就业指导,但为什么"懂了那么多道理,却过不好这一生呢?"因为这个世界最不缺的就是道理! 多年的生涯咨询实践告诉我:只有精准化的就业指导和服务才能有效地帮助学生。大多数学生不是不就业,也不是主动"慢就业",而是缺乏精准的就业指导,缺乏有效促动,高校的就业指导要从简单"说教"到有效"引导"与"对话"。

但是要把正确的方向性指导思想落地到精准化的实施方案,这中间的每一步都是工作量,要实现它,高校必须进行顶层设计,建立精准化就业指导与服务体系,从工作内容的构建到管理保障的设计,给予全方位的、坚定的大力支持。本书试图根据我国高等教育规律和人才培养特点,建构本土化、特色化的高校精准化就业指导与服务体系,具体包括指导服务体系构建的理论基础、原则及技术依托、市场平台、生涯课程体系、生涯活动辅导体系、管理保障体系等。

本书特别适合以下人群阅读:高校制度机制的顶层设计者、就业部门负责人、高校生涯教育和就业指导工作者、生涯领域的研究者及其他学习者,由于本人学识有限,书中有不妥之处在所难免,敬请各位读者批评指正。

目 录

第一章　绪论 ·· 001
 第一节　高校就业指导与服务的历史沿革 ·················· 001
 第二节　高校就业指导与服务的时下挑战与存在问题 ······ 014
 第三节　高校就业指导与服务的时代价值 ·················· 020

第二章　高校精准化就业指导与服务体系构建的理论基础 ······ 025
 第一节　职业生涯发展的主要理论 ························· 025
 第二节　我国新时代精准化就业指导思想 ·················· 037

第三章　高校精准化就业指导与服务体系构建的概念、原则及技术依托
                  ······ 044
 第一节　高校精准化就业指导与服务的概念阐释 ············ 044
 第二节　高校精准化就业指导与服务体系的建设原则 ······· 047
 第三节　高校精准化就业指导与服务体系构建的技术依托 ··· 053

第四章　高校精准化就业指导与服务的平台建设 ·············· 058
 第一节　建立健全高校精准化就业指导宏观机制 ············ 058
 第二节　搭建校企合作平台，促进校企融合 ················ 064
 第三节　建立"就业—招生—培养"反馈机制 ·············· 071

第五章　建设精准《大学生职业发展与就业指导》课程 ········ 077
 第一节　高校生涯发展与就业指导课程的现实挑战 ·········· 077
 第二节　建设校本课程，服务学科专业就业 ················ 080
 第三节　建设生涯课程体系 ································· 091

第六章　精准构建大学生就业培训活动服务体系 ·············· 098
 第一节　就业技能培训 ····································· 098
 第二节　生涯竞赛与展示 ··································· 103
 第三节　职业体验活动 ····································· 106

第四节　生涯咨询与辅导 ·· 110

第五节　就业权益维护 ·· 113

第七章　高校精准化就业指导与服务体系的管理保障 ················ 117

第一节　高校精准化就业指导与服务的保障措施 ················· 119

第二节　高校精准化就业指导与服务的队伍建设 ················· 129

主要参考文献 ·· 140

第一章 绪 论

近年来各高校就业指导与服务体系的建设取得了显著的进步,然而面对新时代经济全球化、高等教育普及化、社会思潮多元化等挑战,坚持把就业工作与高校的办学思想、教育教学改革、管理体制改革和社会需求相结合是完善我国高校就业指导与服务体系建设的必然选择,这样才能实现大学生顺利就业的目标,进而提高人才资源的合理配置效益,推动高等教育体制的深化改革,助力新时期高校就业指导与服务体系建设走向高质量、精准化。

第一节 高校就业指导与服务的历史沿革

从高校就业指导与服务的发展历史来看,关于就业指导的研究起源于对第二次工业革命劳动力市场变化的适应性探索,后来转向研究具体就业咨询和就业指导的问题,并通过生涯教育运动逐渐转向生涯规划和生涯发展等重要领域。高校就业指导与服务的发展在西方发达国家经历了三个显著特征时期,并积累了丰硕成果。我国自 20 世纪 90 年代起在批判性分析国外高校就业指导与服务研究成果的基础上逐渐从初探建设走向规范化发展,踏上高校精准化就业指导与服务的光明前路。

一、国外高校就业指导与服务的历史沿革

(一) 19 世纪末至 20 世纪中叶: 萌芽——迅速发展时期

就业指导的起源和进步最早追溯至 19 世纪的美国。1894 年,旨在助力持续发展的城市和工业化社会,美国加州工艺学校率先开启专门的职业咨询服务工作。1907 年,一所位于美国密歇根州的公立学校率先推出了一个全面的职业

辅导计划方案。1908 年,帕森斯首先提出了"就业指导"的概念,并创立了世界上第一个职业指导机构——波士顿地方职业局①。直至 1911 年,哈佛大学将就业指导工作"课程化",标志着就业指导工作正式融入高校教育体系。六年后,波士顿职业局并入哈佛大学教育研究生院,更名为哈佛大学研究生院职业指导局,职业指导工作融入高校教育体系初见成效②。由于美国高等教育迅速发展和改革的需要,从 20 世纪 20 年代起,职业咨询人员的培训也迅速发展。

日本的就业指导发展历史源于 1915 年,1920 年成立了本国第一个公立的就业指导机构③。1929 年,文部省训令颁布的相关文件中提出将职业指导纳入学校的教育计划,并得到迅速普及④。数十年的发展使日本的就业指导在理念、方法和模式上都取得了特色化成果。直至 20 世纪中叶,由于战后日本教育改革发展和社会经济发展的需要,政府明确要求学校的教育计划必须涵盖学生的就业生涯规划和指导,由此就业生涯教育也正式进入"课程化"时期⑤。

英国的就业指导始于 19 世纪末。1884 年,剑桥大学首先成立了教师规制委员会,以此作为毕业生就业沟通交流的平台。该委员会由就业领域的教授学者和用人单位的专业管理人员组成,通过讲座、谈话等形式为任职于教师行业的毕业生提供就业信息和有效指导⑥。牛津大学于 1892 年迈出了革新的一步,成立了大学任命委员会,这个机构的建立,开启了高校与用人单位之间紧密联系的新篇章。为了使毕业生拥有更加广阔的就业前景,之后的二十年内英国其他五所大学都先后积极借鉴了牛津大学的成功经验,建立了类似的职业指导组织。直到 20 世纪中叶,英国所有的大学根据本校资源和特色均成功建立起专属的职业指导机构。

在理论研究方面,就业指导理论研究在心理学等学科研究深化的基础上取得了显著发展,尤其是美国许多就业指导专家的理论研究取得了丰富成果。1909 年,就业指导的理论先驱帕森斯出版了《选择职业》一书,标志着就业指导

---

① 舒琳.改革开放以来我国高校大学生就业指导教育研究[D].重庆:西南大学,2009:6.
② 宋晓宗.美国大学生就业指导理论与实践研究[D].长春:东北师范大学,2010:3.
③ 娜琳.日本高校就业指导及给我国的启示[J].内蒙古师范大学学报(教育科学版),2007(3):45-48.
④ 王保义.中日大学生就业比较研究[J].教育与职业,2004(21):60-62.
⑤ 刘炳赫.日本高校学生就业指导理论与实践研究:兼谈对我国的启示[D].长春:东北师范大学,2007:10.
⑥ 马迎锋.英国高校大学生就业指导体系研究[D].哈尔滨:黑龙江大学,2018:13.

理论研究和基本模式研究的开始①。帕森斯在此书中提出了著名的"特质—因素匹配论"，主要观点是职业选择建立在个人特性和工作因素进行合理匹配的基础上②。之后相关研究迅速开展，尤其以职业指导专家威廉姆斯为代表，其在方法上将测量心理学、工业心理学及工作分析整合运用，促使"特质—因素匹配论"得到完善与深化。1951 年，美国职业指导专家金兹伯格将人的职业选择心理的发展分为幻想期、尝试期、现实期这三个主要时期③，这一观点蕴含着早期的职业发展思想。1953 年，美国著名职业生涯规划大师舒伯提出了较为完整的职业发展理论。他将个人职业选择纳入到职业生涯发展的范畴中进行考察，认为人的职业生涯可分为成长阶段、探索阶段、确立阶段、维持阶段、衰退阶段④，并强调了职业生涯发展的动态性特征。

　　简言之，20 世纪初期，为了应对国家经济和社会发展的迫切需求产生了就业指导，后续的半个世纪里，以高等教育学校为主导，通过设立职业介绍所、就业援助中心、职业规划与咨询中心等多种方式来推进其发展⑤。同时，这一时期产生的相关理论研究一方面主要是利用心理测验工具帮助求职者进行就业选择和职业指导，另一方面将就业指导引入学校并针对学生这一特殊的对象时，开始关注人的发展，初具教育学意义⑥。

（二）20 世纪 50 年代末至 20 世纪 80 年代中叶：系统化发展时期

　　据有关数据统计，截至 1960 年，美国高等教育院校数量超过 2000 所，而这一时期美国高校兴起了生涯教育运动，大力倡导生涯规划教育，大学中也相继开设了"生涯规划"的学分制课程供学生选修，其中最为著名的课程方案是佛罗里达大学的"课程式生涯咨询服务"和科罗拉多大学的"生活规划工作坊"。总之，生涯教育运动旨在强调高校就业指导的要义是致力于学生生涯发展，主要形式包括传授所有就业的知识、经验以及技能的课程教学、咨询辅导、生涯规划等，极大地推动了美国高校就业指导与服务工作的发展。

---

① 苏戎.我国高校就业指导的现状与对策研究[D].青岛：青岛大学，2012：9.
② 吴祠珍.美国高校就业指导理论与实践[J].安徽教育学院学报，2006（1）：104-107.
③ 池忠军.简析西方就业指导理论的发展演变[J].教育与职业，2004（1）：61-62.
④ 宋晓宗.美国大学生就业指导理论与实践研究[D].长春：东北师范大学，2010：7.
⑤ 周扬.重庆市高校毕业生就业指导现状及优化路径研究[D].重庆：西南大学，2022：9.
⑥ 池忠军.简论大学生就业指导的理念及其模式架构[J].中国高教研究，2002（5）：88-89.

　　20 世纪 60 年代至 70 年代见证了英国就业指导体系的逐步完善与系统发展。伴随着 1965 年英国高等教育毛入学率达到 10% 的历史性突破，大学生失业问题愈发凸显，引发全社会关注。官方最早的关于就业指导的文件是《赫沃兹报告》，建议国家设立面向高校就业指导的专职机构，它将担负起为在校生提供雇佣信息的任务，同时也构建出了英国大学就业指导的核心框架——这一框架涵盖了大学就业指导机构以及所提供的咨询服务、咨询资料、与雇主接洽及组织求职活动等方面的内容。在这一文件的指导下，原本负责整理收集招聘信息和联系招聘单位的大学任命委员会增添新的职能，以此适应新环境的需要。此后英国高校就业指导在高等教育规模扩大、职业咨询活动迅速发展、生涯教育发展等诸多因素影响下稳步发展，不仅有进行个性分析、职业生涯设计、择业辅导等个性化辅导，还多与就业指导协会等社会行业协会合作，丰富职业指导的手段和内容。

　　1958 年至 1960 年，日本文部省全面调整并修订了初、高中生课程学习指导纲要。变更后的大纲将原本的"就业指导"替换为"出路指导"[①]，旨在明确区分学校就业导向与社会组织等其他主体实施的就业指导。从 20 世纪 70 年代起，文部省多次强化学校就业导向的责任，特别重视对学生就业观念、价值取向的教育以及独立决策出路能力的培养[②]。尤其是在生涯辅导理念兴盛后，日本的就业指导着眼于学生的生存发展，高度统筹职前、职中和职后三阶段。

　　在理论研究方面，1959 年，美国心理学家、职业指导专家霍兰德通过分析人的个性类型、环境类型，将人格特征选择与职业联系起来，创立了人职匹配理论，提出了不同职业的工作内容及其资格要求不同，即需要具备不同人格特性的人员[③]。70 年代末，随着职业生涯发展理论的深化，众多全新且深入的学术研究如雨后春笋般涌现。此后生涯规划相关理论已然稳固地成为西方先进国家和高等院校职业辅导与学生就业引导的核心基石。

　　总之，这一时期不论是职业生涯发展理论还是生涯规划理论，均着重强调个体的成长与发展，彰显出极其突出的教育学意义，因此这两种理论便成为高

---

① 刘炳赫.日本高校学生就业指导理论与实践研究：兼谈对我国的启示[D].长春：东北师范大学，2007：10.

② 熊玮.高等学校就业指导体系研究[D].长春：东北师范大学，2011：13.

③ 刘玉升.大学生职业生涯规划：打通就业"最后一公里"[M].苏州：苏州大学出版社，2021：233.

校就业指导领域的主流理论基础,且在实际操作过程中起到显著的引导功效。

(三)20 世纪 80 年代末至今:综合化发展时期

20 世纪 80 年代末至今,各国高校纷纷调整人才培养策略,着重提高学生适应素质,各国职业指导趋于综合化和成熟化,逐渐产生多元文化的职业指导。就业指导与服务的实践工作呈现出四个共同特点:运作方式体系化、信息平台全国化、生涯规划全程化、指导人员专业化。

1987 年,美国国会通过立法成立联邦政府机构——国家就业信息协调委员会(NEIC),它的主要职能是提供培训计划和就业信息,制定就业发展指导规范和就业教育规程[1]。随后该机构制定并发布了《国家就业发展指导方针》,这个文件历来为大学生就业指导工作参考的权威文件。同期美国成立了全国性就业指导组织——国家生涯发展协会(NCDA),随后陆续颁布并执行了如《就业及应用技术教育修订法案》在内的多项法案[2],在政府系统、议会系统和社会系统的支持下,美国高校内部就业系统获得巨大发展,美国的大学生就业指导工作愈发成熟,体系建设愈发专业化。

20 世纪 90 年代英国高校实施了巨大的招生扩张计划,将原本的精英主义教育转向更为普遍的大众教育。如此大规模的"扩充策略"带来了明显的就业压力激增现象,为此,各大英国高校纷纷加强了对专业人才素质培养的持续投入以及对"毕业后就业指导与服务部门"服务水平的全面提升。这些努力不仅限于协助毕业生寻找就业机会,更进一步为那些在劳动力市场上面临困境的应届生提供特殊的支持性质的服务。牛津大学在高校就业服务领域独树一帜,其服务范围覆盖了所有年级的在校学生。主要的服务内容包括就业信息提供、岗位空缺资料发布、定期电子简讯及周报《桥》的制作,以及专业的就业建议和信息咨询等。

20 世纪 80 年代,日本已逐步构建出从政府至公众全面支持大学生就业的体系与机制,包含学校及社会两大模块。各高校皆设立了专门的就业指导部门,普遍开展生涯发展与就业指导课程,每位学生入校后即接受专职导员的个性化职业规划辅导[3]。社会各方资源也积极参与其中,共同打造了相对完整的

---

① 王芳.领导力早期发展的初步探索[D].上海:华东师范大学,2010:145.
② 熊玮.高等学校就业指导体系研究[D].长春:东北师范大学,2011:10.
③ 王保义.中日大学生就业比较研究[J].教育与职业,2004(21):60-62.

教育系统就业服务体系。其中早稻田大学的就业指导工作成效最为显著,它通过开设就业指导讲座、组织参加职业活动体验报告会等措施,并且专门关注了女性毕业生的就业困难,校方主动提供就业良机,既保障了学生的顺利毕业,又确保了较高且稳定的毕业生就业率[①]。

在德国,大学生就业是学校、社会等多方主体都尤为关注的重要事业。德国"慕尼黑就业模式"乃高等教育与就业市场结合之典范,融合了以下特色:一是各部门的协同运作,包括大学、企业、劳工机构等;二是在高校建立就业市场学院,负责职业技能外的能力培训;三是企业为应届生持续提供实习平台并承担实习培训及考核责任[②]。

与此同时就业指导的研究在世界上许多国家都如火如荼地开展起来,研究成果显著。如美国的施恩教授根据职业状态、任务、职业行为的重要性等因素将职业生涯分为九个阶段:成长、幻想、探索阶段;查看工作世界阶段;基础培训阶段;早期职业的正式成员资格阶段;职业中期阶段;职业中期危险阶段;职业后期阶段;衰退和离职阶段;离开组织阶段[③]。日本著名生涯学家高桥宪行研究的角度非常独到,即通过企业的"生命周期"来考虑一个人的职业发展,所谓企业的"生命周期"就是指一般企业的寿命大致可分为五个阶段:开发期、成长前期、成长后期、成熟期与衰退期[④]。

综上所述,国外关于高校毕业生就业指导的研究有早期的坚实基础,因而逐渐形成了具有国家特色、时代特色的体系构建模式,明确揭示出毕业生就业指导的各个模式之演变均与社会发展有着紧密关联的内在规律。

二、我国高校就业指导与服务的历史沿革

中华人民共和国成立前部分高校如清华大学就在陆续开展就业指导,但由于历史条件的限制,其整体收效甚微。自中华人民共和国成立始至 20 世纪 80 年代,这一阶段国家建设急需大量优秀人才,但毕业生数量少,因此主要实行国

① 刘炳赫.日本高校学生就业指导理论与实践研究:兼谈对我国的启示[D].长春:东北师范大学,2007:9.
② 赵立新.国外高校大学生就业指导工作与启示[D].福州:福建师范大学,2006:15.
③ E.H.施恩.职业的有效管理[M].仇海清,译.北京:生活·读书·新知三联书店,1992:156.
④ 高桥宪行.人生企划书:如何设计自己的生命行程表[M].罗素娟,译.台北:远流出版公司,1996:189.

家分配的就业政策,就业指导工作权利掌握在政府手中,由相关负责部门进行调配。因此无论是在理论研究中还是在就业实践中都很少提及就业指导或就业服务。我国就业指导与服务工作发端于20世纪80年代,基于此,本书的政策文本搜集即从此时间点开始。经过搜集、分析和筛选,共得到从1985年至2023年的高校毕业生就业政策文本共1014份,其中部分较为重要的政策文本如表1-1所示,在此基础上回顾并分析近年来我国高校就业指导与服务工作在政策指引下的发展历程。

表1-1 我国历年来关于高校毕业生就业出台的重要政策汇总

年 份	文件名称	与就业指导相关内容
1999年	《教育部等有关部门关于进一步做好1999年普通高等学校毕业生就业工作意见的通知》	高校毕业生就业主管部门要有组织、有计划、有步骤地开展各类毕业生就业活动,充分发挥各级毕业生就业指导和服务机构的作用,积极做好毕业生就业指导和服务工作,采取多种方式,提供就业服务
2002年	《教育部等有关部门关于进一步深化普通高等学校毕业生就业制度改革有关问题意见的通知》	进一步加强对高校毕业生的思想教育和就业指导;进一步完善高校毕业生就业工作管理体制
2006年	《劳动和社会保障事业发展"十一五"规划纲要的通知》	实施促进就业的长期战略和政策,千方百计扩大就业。积极推进新成长劳动力特别是高校毕业生就业
2007年	《关于切实做好2007年普通高等学校毕业生就业工作的通知》	把加强对高校毕业生的就业信息服务作为重点内容,积极开展"高校毕业生就业全面服务年"的各项活动;重点帮助困难家庭高校毕业生落实就业
2008年	《关于做好促进就业工作的通知》	进一步加强对高校毕业生的公共就业服务,广泛开展技能培训和就业见习,提高高校毕业生实践能力和就业能力,引导高校毕业生面向基层就业和创业

续表

年　份	文件名称	与就业指导相关内容
2009 年	《关于加强普通高等学校毕业生就业工作的通知》	充分发挥人力资源市场配置资源的作用,强化公共就业服务的功能;高校要强化对大学生的就业指导,重点帮助毕业生了解就业政策,提高求职技巧,调整就业预期
2010 年	《关于实施 2010 高校毕业生就业推进行动大力促进高校毕业生就业的通知》	强化对高校毕业生的就业指导,加强思想政治教育,引导高校毕业生树立正确择业观。高校要建立完善就业指导与服务机构,开设就业指导课并作为必修课程,提高高校毕业生求职就业能力。大力发展适合高校毕业生求职特点的互联网就业服务,加强对网络招聘市场的监管
2012 年	《关于做好 2013 年全国普通高等学校毕业生就业工作的通知》	大力推进创新创业教育和大学生自主创业;加快建立和完善高校毕业生就业服务体系,提升生涯发展与就业指导课程质量和咨询指导水平,提供更加规范高效的就业管理服务;强化队伍建设和条件保障。高校校级专职就业工作人员数量与应届毕业生人数比例不低于1∶500
2013 年	《关于贯彻落实〈国务院办公厅关于做好 2013 年全国普通高等学校毕业生就业工作的通知〉的通知》	以帮扶困难群体为重点,切实做好高校毕业生就业服务工作;加强思想教育,进一步引导高校毕业生转变就业观念;深化教育改革,建立和完善促进高校毕业生就业长效机制
2015 年	《关于进一步做好新形势下就业创业工作的意见》	统筹推进高校毕业生等重点群体就业;加强就业创业服务和职业培训
	《关于做好 2016 届全国普通高等学校毕业生就业创业工作的通知》	着力加强创新创业教育和自主创业工作;大力提高就业指导与服务能力,建立精准推送就业服务机制,建立未就业毕业生统计机制,优化规范就业工作管理

续表

年　份	文件名称	与就业指导相关内容
2016 年	《关于开展全国普通高校毕业生精准就业服务工作的通知》	准确掌握供求信息；建立精准对接服务平台，各地各高校要充分利用就业网、手机短信、就业 App、微信等渠道，建立供需精准对接服务平台；大力拓展服务内容，各地各高校要充分利用互联网+就业新模式，采用青年学生喜闻乐见的形式，不断丰富精准对接服务内容
2017 年	《习近平：决胜全面建成小康社会　夺取新时代中国特色社会主义伟大胜利——在中国共产党第十九次全国代表大会上的报告》	要坚持就业优先战略和积极就业政策，实现更高质量和更充分就业。大规模开展职业技能培训，注重解决结构性就业矛盾，鼓励创业带动就业
2020 年	《关于应对新冠肺炎疫情　做好 2020 届全国普通高等学校毕业生就业创业工作的通知》	创新方式，提升网上就业服务能力；拓宽渠道，促进毕业生就业并增加升学深造机会；健全就业状况反馈机制

（一）1985 年至 2002 年：萌芽阶段

1985 年《中共中央关于教育体制改革的决定》明确规定，高等院校毕业生就业方式从原有的"统包统分"改变为"学生自选志愿，学校推荐，用人单位择优录用"。这一改变开启了用人单位和大学生之间的双向选择模式，催生出诸如"就业中心""就业工作中心"以及"就业指导与服务中心"等新型高校就业指导机构①。具体而言，深圳大学于 1986 年率先建立了就业指导中心，通过开设就业辅导课程、创办就业辅导期刊及搭建就业信息共享平台等方式，助力学生就业。继而，自 20 世纪 90 年代起，其他大学纷纷将就业指导纳入学校教育体系，并在全国范围内稳步推进相关工作。1994 年，全国高校毕业生就业指导中心开

---

① 钟云华，刘姗.新中国成立以来高校毕业生基层就业政策变迁逻辑与发展理路：基于 1949—2020 年政策文本的分析[J].高校教育管理，2021（2）：114-124.

始每年筹办毕业生就业指导人员和任课老师培训班[1]。1995 年,国家教委办公厅明确提出要求全国高校开设生涯发展与就业指导课程。1997 年,全国高校毕业生就业指导中心制定了《大学生就业指导教学大纲》,此指导教学的范本进一步推动了高等院校就业指导工作的发展壮大[2]。

在研究方面,研究者们主要停留在高校就业指导与服务的理论探究层面,或是引经据典地对比分析就业指导与服务的相关理论,或是分析国外高校就业指导的经验。如林正范[3]通过介绍香港地区高等学校的就业辅导工作,对内地高等学校未来的就业辅导工作提出三点建议:设立专门的领导与管理机构;提供丰富的就业信息;多形式开展就业辅导。丁承瑞[4]提出我国高校应该借鉴日本高校的经验设立"就职指导部",做好搜集信息、就业课程教授、职前咨询和规划等工作。闫光才[5]和李镜[6]关注通过借鉴西方发达国家就业指导教育的优秀经验,注重结合我国教育、生产与科研相结合的特色模式进行就业指导教育。总之,这一时期的相关研究多是基于批判性分析国外和香港地区高校就业指导与服务研究成果,以关键词"就业指导思考""就业指导工作比较""就业指导启示"等为体现,提出对构建我国高校就业指导与服务研究理论与框架的建议和启示,但并未形成典型性和系统化的理论成果。

(二)2003 年至 2007 年:初探建设时期

2002 年 3 月 2 日,国务院办公厅转发了教育部等部门《关于进一步深化普通高等学校毕业生就业指导改革有关问题的意见》,明确提出了毕业生就业制度改革的方向,即建立"市场导向、政府调控、学校推荐、学生与用人单位双向选择"的就业机制[7]。2003 年作为 1999 年扩招本科生群体毕业的首年,毕业生人数达到 212 万人,相比 2002 年增长 46.2%,就业形势日益严峻,市场导向的自主

---

① 王慧.20 世纪 90 年代以来我国大学生就业指导的发展历程及其启示[J].中国科教创新导刊,2012(26):114-115.
② 马艳芬.从边缘到中心:大学生就业指导的演进历程及重要转变[J].河北师范大学学报(教育科学版),2009(3):108-112.
③ 林正范.论高校的学生就业指导:从香港高校的经验谈起[J].现代教育科学(高教研究),1989(2):59-62.
④ 丁承瑞.日本高校的就业指导[J].现代教育科学(高教研究),1989(2):63.
⑤ 闫光才.西方国家高校就业指导教育的启示[J].江苏高教,1996(2):49-55.
⑥ 李镜.西方国家高校就业指导教育的启示[J].辽宁青年管理干部学院学报,1999(1):58-59.
⑦ 王辉强,杨倩,朱海莹.完善就业制度 促进大学生就业[J].经济师,2005(2):97-103.

择业就业模式迫切需要政府发挥宏观调控作用。政府出台多项单项政策积极促进毕业生就业,在一定程度上取得了显著效果①。2007 年,国务院办公厅的相关通知中将 2007 年定为"高校毕业生就业全面服务年",强调进一步落实就业指导人员、机构、经费"三到位",提高就业服务的"全程化、全员化、信息化、专业化"水平②,这为高校开展毕业生就业指导教育指明了新的发展方向。

在研究方面,研究者们更加关注我国高校毕业生就业指导现状,探索出既满足我国社会经济发展和市场需求,又切合各类高校和学生实际的大学生就业指导工作体系。主要研究分为三类:第一,以现状调查数据为准,提出建立就业指导与服务体系的路径。如周月华③提出新形势下完善的高校就业指导体系应该包括就业指导理论体系、就业指导与服务体系和就业指导研究开发这三大体系。刘喆④开展了"高校就业指导工作现状"的调查,根据调研数据提出建立集服务、指导、咨询、教学、研究"五位一体"的就业指导与服务工作模式。第二,关注就业指导体系的子体系建设。如肖池平⑤等人提出大学就业指导工作具有教育过程的长效性和对象的全面性特点,因此要全程化构建大学生生涯发展与就业指导课程体系。第三,梳理总结西方发达国家的就业指导工作模式,在范本上创新。如靳海燕⑥较为全面地总结了英、德、美等发达国家在就业指导工作中积累的宝贵经验,提出要建立体系化、全程化、特色化的就业指导工作与服务模式。总之,这一时期的相关研究仍以比较分析居多,有部分现状调查,逐渐形成了一些有代表性的高校就业指导与服务体系或模式。

(三)2008 年至 2015 年:规范化发展时期

这一阶段的就业特点是扩大就业、充分就业。"十二五"规划纲要中提出就业优先战略,提出要把就业放到重要的位置,把就业当作最大的民生问题,大学

① 付晶,刘振宇.高校毕业生就业政策主题聚焦点的变迁:基于中央层面政策文本的共词聚类分析[J].法大研究生,2019(2):659-679.

② 吴晓琴.浅析新形势下大学生就业安全感的保障策略[J].科技信息,2010(10):451.

③ 周月华.构建新形势下高校大学生就业指导工作体系探析[J].新疆师范大学学报(哲学社会科学版),2005(3):143-145.

④ 刘喆.大学生职业发展教育工作体系创新研究[J].理论月刊,2007(5):186-188.

⑤ 肖池平,张小青.论大学生就业指导课程体系的全程化构建[J].黑龙江高教研究,2007(2):73-74.

⑥ 靳海燕.国外大学生就业指导工作对我国的启示[J].黑龙江高教研究,2005(2):107-109.

生就业是就业中要重点解决的问题①。各部门着力于提升毕业生的就业能力与竞争力，通过开展就业指导和职业培训等措施来实现。同时，积极引导毕业生投身于中小企业就业及创业，拓宽就业途径，把就业任务作为首要任务来解决。此外，国家关注基层就业的情况，以"四大专项计划"为蓝本，落实就业支持政策，使基层就业范围不断扩大，基层项目不断细化。因此高校就业指导与服务工作仍旧要把就业政策宣传作为重要工作方向，加强创新创业教育和自主创业工作，优化规范就业工作管理。

在研究方面，研究者们不再是单单关注就业指导的体系建设，也更加注重受美国金融危机影响的新经济环境下就业指导与服务的重要性，围绕就业指导与服务工作的长远发展和创新发展进行了诸多研究。如朱国平等人②指出大学生就业问题逐渐成为一个群体性的难题。为解决这一难题，高校必须改革滞后的毕业生就业指导模式，使缺乏系统性、针对性的就业指导向职业生涯规划辅导转变。还有很多研究者关注到了辅导员的重要作用，如李越③指出目前高校的就业指导形式多为开设专业课程和专家讲座，但还理应让密切与学生接触的辅导员成为大学生就业指导的重要力量。此外，这一时期研究者加强了个案分析和实证调研，对不同地区和不同院校的就业指导现状进行了深入分析，如侯佳④关注了内蒙古地区的生涯发展与就业指导课程建设，从师资队伍、教材研发、质量监督等方面提出了切实发展生涯发展与就业指导课程与教学的建议。王瑞武等人⑤以中央民族大学为个案，通过调研了解学生对职业规划与就业指导的需求及他们对于职业规划的认识，并对影响少数民族大学生就业的因素进行分析。总之，这一时期的相关研究呈现多样化态势，研究主题不断扩大和深化，以"生涯建构""就业促进""就业评价"等关键词为体现，整体上反映了该时期高校就业指导与服务研究的实践应用取向。

---

① 付晶,刘振宇.高校毕业生就业政策主题聚焦点的变迁:基于中央层面政策文本的共词聚类分析[J].法大研究生,2019(2):659-679.

② 朱国平,赵允玉.论大学生就业指导向职业生涯规划辅导的转变[J].南京邮电大学学报(社会科学版),2008(1):77-80.

③ 李越.论充分发挥辅导员在大学生就业指导中的作用[J].职业技术,2009(6):7-8.

④ 侯佳.大学生职业发展与就业指导课程现状调查与思考:以内蒙古自治区为例[J].中国大学生就业,2015(4):46-49.

⑤ 王瑞武,史蕊.少数民族大学生职业规划与就业指导探析:以中央民族大学为个案[J].民族教育研究,2014,25(3):38-43.

（四）2016 年至今：精准指导时期

2016 年教育部办公厅《关于开展全国普通高校毕业生精准就业服务工作的通知》的发布，标志高校毕业生就业政策进入精准就业阶段[1]。这一时期的就业指导工作领域的关注重点是"精准就业"和"高质量就业"。具体措施包括营造公正的就业环境，以便劳动者自谋职业或自主创业。同时，对大学生二次就业以及失业问题的处理也更具有针对性，配合扩大就业扶持范围，使各类人群特别是弱势群体（例如家庭经济困难的毕业生）得到有效援助[2]。因此构建综合网络化服务平台、创建供需信息数据库以及精准推送就业及招聘信息是提升高校就业指导与服务效能的关键途径。

在研究方面，"精准就业""高质量就业""创新创业教育"等关键词逐渐成为研究主流，研究者不仅通过概念演绎和学理分析等方法探讨高校就业指导与服务的新时代意蕴与价值等，也开始尝试借助大数据等新兴技术和复杂的统计方法更为深入地进行实证研究。如张希玲[3]指出大数据技术促进高职院校就业服务深刻变革，帮助精准就业服务工作实现就业服务平台智慧化、就业服务人员专业化、就业服务方式多样化的目标。董春辉[4]建议应借助先进的大数据技术提供精确的大学生就业意向及需求分析，从而精准推送就业服务信息，满足个体化的就业需求，全面提升高校就业指导效能。此外，这一时期尤为关注创新创业教育的发展，如顾胜贤[5]详细论述了创新创业教育在大学生就业指导中的重要性，并对我国创新创业教育面临的困境进行了分析。他提议通过有效的教学策略来弥补我国在这方面的不足，比如将创新创业课程纳入正式就业指导系统中，提升师资力量以及丰富教师的创业实战经验等方式来完善就业指导体制。

综上所述，我国高校就业指导与服务工作深谙将新理念和新科技融入具体措施之中，始终密切关注市场动向与经济环境波动，因地制宜地进行调整和改善，从宏观上掌握了各时期经济发展与人才需求的实时联动关系，从微观上有

① 黄洁.高校精准化就业指导与服务工作的内涵、价值及路径[J].教育与职业,2022(13):108-111.
② 李文文.我国高校毕业生就业政策变迁的历史逻辑与应然走向:基于"间断-平衡"理论的视角[J].中国高教研究,2020(12):75-81.
③ 张希玲.大数据时代高职院校精准就业服务的基本要求与发展策略[J].教育与职业,2020(15):58-63.
④ 董春辉.用好大数据实现大学生就业"私人订制"[J].人民论坛,2020(4):116-117.
⑤ 顾胜贤.创新创业教育在大学生就业指导中的探索与实践[J].教育与职业,2017(18):72-75.

效地帮助了学生从顺利就业走向更充分就业和高质量就业。

第二节　高校就业指导与服务的时下挑战与存在问题

高校毕业生就业不仅关乎其自身的全面发展,承载了家庭殷切期待以及社会和谐稳定的重任,更作为"教育优先发展"与"就业优先战略"的契合点,具有举足轻重的意义。随着我国高等教育普及化的不断深入,高校毕业生人数在逐年增加,而在经济下行、产业结构调整、社会思潮融合等因素的交织影响下,毕业生就业问题愈加突出,从而为高校就业指导与服务带来诸多挑战,因此厘清高校就业指导与服务现存的问题,做好多方准备应对挑战,有助于更多的大学毕业生规避风险,把握机遇,实现优质就业。

一、高校就业指导与服务面临的挑战

(一)经济下行的挑战

经济下行,也称为经济衰退、经济低迷或经济滑坡,指的是经济增长出现明显下降,经济活动表现越来越低迷,并以宏观上的财政政策为主要方面,对经济发展有明显负面影响,从而导致经济景气指标下行的总体状况。导致经济下行的原因有很多,其中国际经济环境的变化是一个重要原因。一个典型例子就是2008年美国金融危机的爆发引发了国际金融危机,极大破坏了实体经济领域的平衡发展,全球经济增长呈现不容乐观的趋势。而国内经济结构调整,通货膨胀和货币供给过度,基础设施发展不到位,劳动力使用不合理以及能源和原材料缺乏等都会影响经济发展,从而导致经济下行。

经济下行会带来诸多影响,除了产生消费者需求减弱、企业投资受阻等问题,也会导致企业衰退出现就业难等问题。当经济运行变得疲弱时,面临收益下降和市场竞争的加剧,企业就会出现利润下降、营业规模收缩或停止运营等症状,最终会导致大量的就业机会流失,经济下行的程度越严重,失业率越高。据教育部等官方公布的信息看,2023年6月底,全国普通高校毕业生就业去向落实率为90.2%,比2022年同期下降1.5个百分点。在大学毕业生就业市场遭

遇经济下行的寒流之际,高校就业指导与服务工作就显得尤为重要,面对失业率上升的问题,需要引导学生转变就业观念,积极学习新技能,提升自身的就业竞争力,促使学生能够更好地适应这个日新月异的社会。

(二)产业结构调整的挑战

2020年爆发的新冠疫情对经济全球化布局产生严重影响,各行各业的产业及供应链遭受冲击,面临生产能力下降、运营滞后及结构调整难度加大等诸多难题①。全球经济的未来将趋向更为迅捷、本土化及地域化的发展模式②。因此在整个经济层面和市场需求不断变化的现状下,产业结构调整势在必行。此外,随着科技的进步和社会的发展,一些产业会逐渐萎缩或消失,而另一些产业则会迅速发展,比如新一轮科技革命正以人工智能、大数据、云计算、生物技术等新技术为代表在全球范围内蓬勃兴起,传统行业只有做出改变才能有发展前景,产业结构调整势在必行。

尽管产业结构调整带来了一定的就业压力,但与此同时也催生了新的就业机会。新兴产业如人工智能技术、环保产业、新能源等的兴盛,对高素质、高技能的人才需求逐步增加。因此高校的使命就是培养高素质人才,如何培养并将这些高素质人才输送到合适的岗位上去,这就需要高校就业指导与服务工作搭把手。这类工作应起到反馈、导向作用。根据社会对人才的需求,结合政府的人才培养方案来掌握宏观培养方向,调整优化人才培养模式,从而培养出更高质量的高校毕业生人才。

(三)高等教育普及化的挑战

随着我国高等教育进入普及化阶段,高等教育规模持续扩大,高校毕业生的就业问题面临前所未有的压力和挑战。我国高等教育普及化是超大规模、具有强烈外部目的性的高等教育普及化,担负着普及化之外的社会性目的,如促进教育公平、体现教育正义、促进经济发展等。普及化进程所面临的制约和影响因素更多,更难实现高等教育的供给与需求之间的平衡,更容易出现供给的结构性过度和结构性不足③。

---

① 周扬.重庆市高校毕业生就业指导现状及优化路径研究[D].重庆:西南大学,2022:18.
② 郭宏,伦蕊.新冠肺炎疫情下全球产业链重构趋势及中国应对[J].中州学刊,2021(1):31-38.
③ 李西顺,方文惠.高等教育普及化阶段我国高校毕业生就业政策中的问题与改进[J].苏州大学学报(教育科学版),2023(3):85-96.

我国高校毕业生规模持续增加,就业形势也日益严峻,具体体现在:一是从学历层次看,高职生与研究生在就业市场上更易受到青睐;二是从专业结构看,工学、理学专业大类比农学、历史学专业大类更具专业优势;三是从区域结构看,东部和沿海地区具有明显的就业优势;四是从年龄结构看,现在高校毕业生大部分是"00后",其就业期望与父辈有很大不同,对就业岗位有更加个性化和多样化的需求①;五是从高教发展形势看,高等教育结构发展存在教育内部就业供大于求与市场需求的专业人才供小于求的逆循环。在当前高等教育大众化阶段背景下,如何紧扣国家经济复苏脉搏,把握发展契机,创造更多就业机会是高校就业与指导的主要任务,因此深化高校就业与指导改革,应对新时期所面临的诸多挑战显得尤为必要。

(四)价值取向多元化的挑战

随着时代的变迁,社会思潮也呈现多元化的特点,大学生的职业观、择业观、就业观中的价值取向发生了显著变化。从"工作到退休""做一颗螺丝钉"的传统工作价值观演变到"实现经济目标""满足成就动机"的现代职业价值观再到"实现个体幸福最大化""工作以外的生活更有意义"的后现代、后物质主义职业价值观,如今这个时代多元职业价值取向同时并存、相互交融,高校就业指导应提升学生的就业视野,从被动接受转变为主动追求,激发自身才华潜能,不仅有助于个人价值的实现,而且能为国家和社会创造更大的价值和效益。

高校就业指导应该积极引导大学生的职业价值取向,促进高等教育普及化时代的就业观转型。首先是从刚性就业观向弹性就业观转型②。时移世易,进入高等教育大众化时代后,大学生或者家长应该明确认识到高等教育并非就业保障,接受高等教育是提升自我素养和经验累积的重要过程,或者把它作为一种丰富自我的储备。其次,应从被动依赖就业观向主动进取就业观转型③。当前部分大学毕业生难以就业,将之归结为政府提供职位不足及学校专业设置与市场需求不符。这恰好印证了许多在校生于就业观念上仍显得非常被动,就业指导应该调动起学生的主观能动性,激发他们的生涯希望感,鼓励他们在不确定的社会环境中去创造属于自己的生涯。再次,应从就业教育到与创业教育结

---

① 赖得胜.更加重视高校毕业生就业[N].经济日报,2023-05-31(11).
②③ 陈先哲.高等教育普及化时代的就业观须转型[N].中国教育报,2019-05-02(02).

合的就业观转型①。当前,虽然我国的创新创业活动崛起,然而仍囿于将创业视为就业的备用措施这种思维窠臼,忽视创业在就业中的战略意义和对国家经济发展的贡献。而要顺利推动这种转型,最重要的是建立一种宽容失败的文化氛围为之支撑。

二、高校就业指导与服务存在的问题

(一)就业指导机构定位不准,缺乏衔接性

高校就业指导部门乃主导就业指导工作之中枢,为各方资源链接至大学生的桥梁所在。一方面,就业指导部门理应提供完备的就业资讯,帮助毕业生明确发展方向及行业发展趋势,加大校园内对就业信息和技能培训的推广力度。另一方面,就业指导部门还应通过多种宣传途径向用人单位展现毕业生的精神风貌,充分展示各个专业学生的优势,以帮助毕业生找到理想岗位,实现高校与企业间的有效互动及双向选择。然而有关数据显示,当前就业指导与服务工作并未切实满足学生需求,学生对其价值认知不高,实际上体现了该部门对于自身职能的定位不够准确,服务意识方面尚未充分满足现代社会服务理念。

此外,尽管各所高校已就就业指导相关事务制定了全面而细致的实施纲要,然而在付诸实践的环节中,其成效却未达预期。表现为各环间的互相联系尚显薄弱,信息传输和工作推进在各阶段逐渐出现偏差,落地实效性不尽如人意。若各主体内各部门及工作间尚无法达成紧密联系,那各主体间的协同配合亦难实现,进而阻碍了在共促就业指导工作中的能力发挥。这意味着无法将各方优势结合融通,合力推动就业指导工作的实施与发展②。

(二)就业指导内容落后,缺乏针对性

目前我国高校就业指导的内容多数是关于就业政策分析、面试技巧、简历制作,涉及整体职业生涯规划的教育引导和专门化的职业技能培训相对来说占比不大。简言之,现有的教育内容与学生实际的就业需求和职业规划无法契合。余友情及宋天华特别指出,大部分大学提供的就业指导仍然保持传统模式,选择的教学方式主要包括选修课、专题讲座和在线学习平台等,然而过于偏

---

① 陈先哲.高等教育普及化时代的就业观须转型[N].中国教育报,2019-05-02(2).
② 周扬.重庆市高校毕业生就业指导现状及优化路径研究[D].重庆:西南大学,2022:49.

重理论传授,使得课堂教学与现实的就业实践活动脱节严重,以致课程内容显得陈旧、无趣。这样不仅无法让学生全面接受个性化的就业知识与方法,还很难培养出符合他们个人特质和专业爱好的就业技能[①]。

由于高校就业指导与服务工作有极强的政策指导性,因此很多相关职能部门只是做出大量口号化的东西,未真正落地工作,具体就体现在专业不对接、分层不清晰等方面。比如针对师范类和理工类毕业生的就业指导与服务需求是不同的,因此就业指导思路和服务策略也是不同的,在职业意识、职业生涯规划等方面的专业教育和素质培养也应该以专业特点和自我定位为核心进行,但现实就是许多高校并未成功培养不同专业人才的就业素质,也未顺利帮助学生实现学校到社会的场域跨越。又比如大多高校的就业工作更加注重对群体的指导,缺乏对于个体的关注,对于就业重点学生没有提供合适的精准帮扶措施,且未及时关注到就业困难并辅以帮助和支持,导致就业帮扶工作出现明显的针对性不强的问题[②]。

(三)就业指导形式陈旧,缺乏多样性

相关数据表明,大学生对不同就业指导形式感兴趣的程度存在明显的差异性(见表1-2)。不难发现,学生们更期望的就业指导方式是实战演练、经验分享、案例分析这些提升就业技能与技巧、提高职业素养的方式。这也间接反映出良好的就业指导可以帮助学生在就业竞争中脱颖而出,也有助于学生后续的职业发展。鉴于此,高校就业指导与服务的形式应该既具多样性,又具创新性。

表1-2 大学生最感兴趣的就业指导方式比例分布

指导方式	得票数	占比
实战演练	488	8.27%
经验分享	438	7.42%
职业测评	377	6.40%
案例分析	340	5.76%

① 余友情,宋天华.创建高校就业全程式服务体系的路径探析[J].学校党建与思想教育,2016(14):77-79.

② 尚亿军,彭自力.新媒体视域下大学生就业服务精准化研究[J].学校党建与思想教育,2018(9):74-76.

续表

指导方式	得票数	占　比
面对面咨询	340	5.76%
专题讲座	261	4.42%
集体活动	253	4.29%
自我推销	209	3.54%
游戏	106	1.80%

目前高校普遍采用讲座及课程形式提供就业指导,使学生在职业规划、求职技巧、心态调整等领域得到丰富的知识积累。相较之下,关于提升学生搜集和处理就业信息、进行职业规划以及做出职业决策等多方位能力的培训方式略显匮乏[①]。目前高校就业指导与服务应该立足于学生的生涯发展,考虑指导对象的特质和指导阶段的特点,根据不同时间节点,开展不同形式的就业指导。前期需要进行职业规划,主要以生涯课程教学、生涯赛事等形式进行,后期则需要具体的就业指导,主要以团队辅导、1V1职业咨询等形式进行。

(四)机制体系不健全,缺乏精准性

利用新兴技术帮助提升高校就业指导与服务水平是顺应时代发展的必然要求。一方面,构建智能化的就业体系大平台。就业指导与服务工作理应运用新近兴起的大数据和人工智能技术构建"互联网+就业指导"智能化系统,依托大数据开展高效的大学毕业生就业管理,将国家发展战略、用人单位诉求以及毕业生个体职业发展需求有机结合,实施实时就业状况监控[②],提高就业指导的精准度与及时性。另一方面,关注个体。就业指导工作应当深入贯彻全新的就业理念,并将其全面而深入地贯穿整个就业指导流程,全面塑造和提升学生的综合能力与核心素质,使他们能够真正实现自我定位与调整,转变思维模式,从而更为顺利地融入现代职业市场体系[③]。新时代大学生更期望以个体为中心、

① 舒琳.改革开放以来我国高校大学生就业指导教育研究[D].重庆:西南大学,2009:15.
② 张科.大学生精准就业模式探索与实践[M].成都:西南交通大学出版社,2020:180.
③ 周扬.重庆市高校毕业生就业指导现状及优化路径研究[D].重庆:西南大学,2022:20.

针对性强的职业辅导,超越传统的就业资讯传递和技能训练等方式①。而通过实施精准化的高校就业指导与服务,能灵活考虑不同学生在不同时期的多重需求,对课程设定、人力资源和经费预算进行科学规划与实施,实践个性化的就业引导原则,做到因地制宜、因人而异地开展就业指导②。

(五)师资队伍不稳定,缺乏专业性

目前我国高校就业指导与服务的人员构成主要分为两类,一类是高校从事学生工作的行政人员,另一类是从其他岗位借调过来的兼职人员。一方面,我国高校系统根据业务需要,在人事架构上配备了涵盖本科学历至博士学位、从讲师到教授各级别的行政人员,他们分别具备专业技能和专攻领域。然而,据统计,目前仅少部分从事就业指导岗位的工作人员曾接受全国职业指导师的系统培训且获得证书③。显而易见,这样形成的就业指导与服务在工作连贯性和指导专业性上是有所欠缺的。另一方面,鉴于部分从其他职位抽调而来的指导人员流动性较大,他们往往只能在日常管理任务繁重之际抽出闲暇时间开展就业指导工作,因此无法全身心投入到这项重要的事业中去。正因如此,我们不难发现,由这些临时组成的团队所提供的就业指导与服务难以达到预期良好的成效。归根结底,各大高等院校仍需集思广益,调动所有可用的资源与力量,积极推动具备丰富职业经验的专业人才进入学校就业指导体系之中。同时,也应该有针对性地开展内部培训活动,以此来建立起一支充满活力且专业化的就业指导与服务教师队伍。

第三节 高校就业指导与服务的时代价值

前文通过横向与纵向的梳理分析,对国内外高校就业指导与服务研究的发展把握得更加清晰,由此也能及时发现自身的短板,从而将其批判性地应用到本土高校就业指导与服务的研究中,以创建出具有中国特色的高校就业指导与

---

① 王永珍.高校精准就业指导的核心要义和实践路径[J].思想理论教育,2021(8):98-102.
② 黄洁.高校精准化就业指导与服务工作的内涵、价值及路径[J].教育与职业,2022(13):108-111.
③ 陈学军,周益发,邓卫权.高校创新创业教师队伍建设现状及建设体系建构[J].职教论坛,2017(11):29-35.

服务的研究和发展模式。在当前我国努力促进高质量就业和充分就业的背景下,高校就业指导与服务的体系建设虽面临诸多挑战,但仍极具现实意义。具体而言,高校就业指导与服务体现出以下四个方面的时代价值。

一、有助于实现大学生顺利就业目标

大学生是社会主义事业的建设者,是伟大复兴中国梦的接力者。因此大学生就业不仅仅是学生个人的事,更是高校、政府和社会的共同大事。一方面,大学生就业对于其自身发展具有重要意义。大学阶段的学习和生活赋予大学生一定的专业知识和技能,让他们积累到必要的社会经验和人际关系。就业可以让他们学以致用,在深入社会实践的过程中不断提高自己的综合素质,进而促进个人的全面发展和实现个人的社会价值。另一方面,就业是民生之本,事关整个社会经济发展与和谐稳定。而大学生作为社会主义现代化建设的新鲜血液,其就业为经济发展注入巨大力量,推动生产出社会所需要的物质财富和精神财富,促进社会经济的发展,维系着社会稳定。总之,他们能否正确择业就业,关系到自身和社会的可持续发展,是涉及全局的头等大事。

随着我国高等教育规模的不断扩大,现阶段我国高校毕业生人数逐年递增[①]。据相关数据统计,2022 年毕业生人数首次破千万,达 1076 万人;2023 届高校毕业生规模预计 1158 万人,同比增加 87 万人。除了毕业人数激增,毕业生专业结构对市场的适应性也发生了明显变化。经统计分析,理工农医类专业毕业生比例显著下滑,现已从首次扩招时的 67% 降至当前的 47%,而人文社科类专业学生人数占比却明显提升。在全球经济衰退的大环境下,相当一部分企业经营状况不景气,用人需求大量缩减,甚至不得不裁员节流,企业产业结构转型对不同类型人才的吸纳率变化,由此导致了目前严峻的就业形势和巨大的竞争压力。

而在这样的形势下,高校就业指导与服务在引导大学生建立正确的职业观念上具有重要作用,不仅能端正他们的择业和就业态度,还可促使他们认清就业现状,针对实际需求选择合适的工作;通过透彻了解行业发展和就业前景,给出科学合理的就业建议,指引学生掌握有效求职技巧,确保信息通道畅通无阻,

---

① 张宏雷,刘雪辉.高校就业困难群体成因分析与应对措施[J].思想政治工作研究,2011(1):40-41.

为学生的顺利就业打下坚实基础。概括而言,高校就业指导与服务有助于大学生跃升为职场新人,是助其平稳地踏入社会之旅的关键一步。

二、有助于提高人才培养质量

教育部一直强调要把大学生就业工作作为高校重点工作,融入人才培养全过程。高校人才培养全过程包含设置专业、招生、实施培养方案、指导就业和校友职业发展延伸服务五个环节。其中高校就业指导与服务作为人才培养的重要环节,承担着实现高等教育可持续发展的责任。如果高校没有及时开展科学合理的就业指导与服务工作,有可能带来培养的毕业生就业去向落实率低、就业质量差等风险,妨碍高等教育的健康可持续发展,进而也影响人才培养质量。

人才培养质量从微观层面上反映的是以学校为单位的学生的学业成就达成程度,从中观层面上反映的是学校教育质量的水平高低,从宏观层面上反映的是教育政策执行的有效性。人才培养质量的评价主体是指学校所面对的利益相关人群,包括国家与社会、社区、用人单位、学校管理者与教师、家长与学生等。其中鉴于用人单位在毕业生就业过程中的决定性地位,以及其在市场经济环境下的影响力,我们必须重视用人单位的意见和评价[1]。而借助就业指导的特殊功能与评估效应,我们得以迅速捕捉并传递社会信息,动态调节专业结构,加速完善培养体系及教学手段,激发学生学习热情,从而助推优质人才培育。

一方面,由于高校就业指导与服务工作会直接与用人单位打交道,能及时掌握学校各专业毕业生就业状况的相关数据,通过对各专业历年的就业信息如毕业生就业去向落实率、薪酬待遇、就业满意度、专业相关度等情况进行分析,为学校停招或新开专业,改造和增设专业课程,更新课程内容,修订培养方案提供了科学的参考依据[2],这样才能培养出更多高质量的社会需要的人才。另一方面,大学生乃实施及贯彻人才培养计划的主体,如欲增强其学习成长的积极性,须激活其内在学习驱动力。高校就业指导与服务部门,可借助职业发展教育与个人定位咨询等措施,帮助学生洞悉自身职业特性、把握社会职业脉动、明

① 舒琳.改革开放以来我国高校大学生就业指导教育研究[D].重庆:西南大学,2009:9.
② 赵北平,马旋.高校学生就业工作对人才培养的影响研究[J].中国大学生就业,2014(12):3-7.

确个人职业方向,进而制定生涯发展目标,从而唤醒学生内心深层的学习动力,巩固他们的职业规划和主体意识,并提升其自主学习能力以及成长热情,进而有力推动人才培养计划的执行,为提升人才培养素质输送强劲的源头活水。

三、有助于实现人才资源的合理配置

从社会经济与管理的角度来说,人才资源配置就是将社会中所有的人才资源充分合理地运动到社会生产及其经济活动中,达到充分就业和适当分布;从组织管理的角度来说,人才资源配置是指通过适宜的方式在既定的组织架构内灵活布置人员,使其在企业运营及生产中有效结合并充分发挥人力、物资等各项资源,增强企业活力与竞争力,从而获取最佳组织经济效益。从哲学的角度来说,教育变革提升人的内在价值,而合理的人才资源配置能最大限度地发挥人的外在价值,促使人的价值实现,最终促进人的发展和社会的进步。简言之,无论从哪个角度定义人才资源配置,都不难发现"人尽其才,才尽其用,用尽其事,事尽其效"是人才资源配置的总体要求和最终目标。

具体来讲,高校就业指导与服务在实现人才资源合理配置方面主要发挥以下四个作用:一是高端人才有输送。通过组织重点领域供需对接活动,推动高校向高端芯片与软件、智能科技、新材料、先进制造等国家发展重点领域输送高端人才,提升高校人才培养、就业服务等工作与社会需求的契合度,主动服务国家重大战略需要和"专精特新"领域的发展需要,以实现我国的科技突围。二是基层有人去。通过及时传达党和国家针对基层扶持政策的信息及其他就业指导培训,引导学生树立社会主流意识,激励更多优秀学子投身于国家战略需求的地区和行业[1],让祖国大地处处开遍人才之花。三是特殊人才有关注。高校就业工作部门加大力度对特困家庭、有心理障碍和有残疾的毕业生进行"一对一"就业指导与服务,同时积极开展与用人单位的协作和交流,为他们争取更多的就业渠道,尽全力解决他们的就业困难。四是创业领域有人才。高校就业指导与服务工作的关键工作之一就是扶持大学生自主创业,充分利用自身就业创业资源,深入推进创业教育及实践活动的展开,着力培养学生的创业意识及实

---

① 肖艳,童付超.做好高校毕业生就业工作的几点思考[J].考试周刊,2009(35):455-456.

操水平[①]，引导更多的毕业生敢为人先，明确"行行可建功，处处能立业"的信念，经过实践磨砺实现自主创业的目标，为经济社会发展注入源源不断的活力。

四、有助于深化高等教育的可持续性改革

有研究表明，大学生普遍产生对高等教育现状的不满，主要集中于创新思维、实践力以及职业技能的培训不足，从而影响其就业及职业发展[②]。他们对高等教育改良提出两大希冀：其一，学生强调在校内应享有充分的实践锻炼机会，加强应用知识能力和应对未来工作环境的能力，为将来就业作铺垫；其二，希望学校能提供实际有效的职业生涯规划和就业引导课程，并搭建完善的就业网络平台。因此，我们应当将大学生最迫切的期望作为高等教育改革的行动指南，而高等教育的发展思路也应当积极寻求高等教育体系与就业环境的深度融合。

高校就业指导与服务具有很强的实践性和操作性，因此相关工作做得越好，高等教育与就业实践才能融合得越好，主要体现在实践教学、创业教育和就业制度改革三方面。首先，职业指导和创业教育的强化对于推动高等教育与就业融合具有重要意义。通过提供专业的就业指导和创业教育，可以帮助学生更好地了解自己的职业发展方向，增强就业竞争力，同时也鼓励他们在就业市场中实现个人创业和创新。其次，高校应该加强实践教学的推广和实施，为学生提供更多的实践机会，教会学生解决实际问题的方法和技巧，同时促进学生转换学生思维，更多去了解和体悟企业的运作和需求，以促进高等教育与就业的融合。再次，大学生就业制度改革作为高等教育体制变革中的关键环节且被视为改革通道，对社会各界意义重大。此环节将高校与社会紧密相连，使高校得以实时了解社会需求，以塑造具备核心竞争力的优异人才；同时，这也使学生明确个人发展目标，得到更广泛的关注与支持，进而实现高校教育体系改革的目标——为全面建设社会主义现代化国家提供强有力的人才和技能支撑。

---

① 段伟伟.高校毕业生就业与高等教育改革发展的关系研究[J].河南教育（高教），2013（12）：54-55.

② 胡海燕，孙淇庭.高等教育体制与大学毕业生就业的关系：基于2009—2013届大学毕业生的实证研究[J].大学教育科学，2014（5）：41-47.

第二章　高校精准化就业指导与服务体系构建的理论基础

理论基础作为高校精准化就业指导与服务体系构建的奠基石,不仅对就业指导与服务体系的科学建构起到支撑作用,而且一定程度上也反映了高校就业指导与服务在就业实践中的定位。基于高校就业指导与服务的出发点和宗旨是致力于学生职业生涯发展和全面进步,本章着重阐述大学生职业生涯发展和就业指导的相关理论,以新时代精准化就业指导思想为引领,根据我国高等教育规律和人才培养特点,逐步建构本土化和特色化的高校精准化就业指导与服务的思想和知识体系。

第一节　职业生涯发展的主要理论

职业生涯发展理论源自西方学者对职业与人生发展的研究,而对于职业生涯发展的理解,我国高校就业指导与服务依托于中国社会背景,同时又受现代化思潮的影响,总体表现为职业生涯发展与个人的社会性成功的强相关性。因此我们认为,职业生涯发展理论以及支持职业生涯发展的心理学、社会学、管理学等的相关理论能为高校精准化就业指导与服务体系的构建与应用提供来自理论的支撑。

一、生涯理论的发展与演进

以职业指导为发端的职业生涯发展教育起源于美国,大致经历了职业指导、职业辅导、生涯辅导、生涯教育、后现代性生涯咨询这五个主要发展阶段,关于生涯理论的发展与演进综述如下（见表2-1）。

表2-1 生涯理论的发展与演进

代表人物	帕森斯、霍兰德、洛夫奎斯特、戴维斯	金兹伯格、舒伯（前期）	舒伯（后期）、克朗伯兹（前期）	克朗伯兹（后期）、萨维科斯	斯奈德、奈尔斯	普莱尔、布莱特
主要理论	20世纪90年代早期	20世纪50年代后期	20世纪70年代后期	20世纪90年代	20世纪90年代	21世纪第一个十年
	人职匹配理论	职业生涯发展理论	社会学习生涯理论	生涯建构理论	生涯希望理论	生涯混沌理论
理论特质	1.特质因素论 2.人境适配论 3.心理测验量表 4.个别差异	1.生涯是一种"发展"的历程 2.以"自我概念"为主 3.职业自我探索量表 4.个别发展 5.静态生涯转向动态生涯	1.生活广度/生活空间 2."角色理论"的维度 3.价值观量表 4.探索"生涯决定"的论述 5.社会影响因素 6.个人学习经验影响	1.善用机缘论 2.接受生涯犹豫 3.持续性学习的影响 4.个人生涯建构系统 5."授权""取代""适配" 6.叙事治疗	1.以希望为中心的生涯发展模型 2.生涯希望能够带来积极的生涯行为 3.希望-行动胜任力	1.改变 2.机缘 3.复杂性 4.碎形模型 5.突现模式 6.吸引子

（一）人职匹配理论

人职匹配理论的基本模式和特点主要是强调个人的特质与相关职业的关联及适配，强调个体职业选择的可匹配性及可预测性。此类理论的核心哲学假设是："如果我们清楚地了解我们自己，同时也了解外部环境，那么就可以选择最合适的职业了"，人职匹配理论的代表人物是帕森斯、霍兰德、洛夫奎斯特和戴维斯。

人职匹配理论最早起源于1908年帕森斯提出的"特质-因素论"，在"特质-因素论"中，"特质"指的是个人的品质，比如兴趣、性格、能力、资源和优势等；"因素"指的是工作的要求和成功的条件，比如用人条件、要求、报酬、前景和晋升机会等。它强调职业指导的"三大原则"，即了解自己、了解职业、进行自我和职业的精准匹配。

随后，人职匹配理论在新的历史条件下不断发展，1959年霍兰德提出了人格类型理论。这一理论认为在我们的文化中，人格类型可以分为现实型、研究型、艺术型、社会型、企业型和传统型六种,每种人格类型都有与其协调的职业环境类型,当今社会也有六种典型的职业环境,即现实型、研究型、艺术型、社会型、企业型和传统型。

1964年,劳埃德·亨利·洛夫奎斯特和勒内·V.戴维斯提出了明尼苏达工作适应理论的基本框架,1970年以后,工作适应论得到进一步的发展,该理论是对个人-工作环境的适配如何影响个人职业发展进行深入阐释的一种心理学理论,又称个人-环境匹配理论。该理论认为,寻求个体与环境之间的适配是人类行为的基本动机之一,个人工作满意度和环境的绩效满意度共同组成了工作适应的指标,代表人和环境之间相互契合的结果。这种契合的结果会进一步影响个体后续的职业发展过程。如果工作满意度和绩效满意度都很高,那么个体和环境之间就达到了一种和谐的平衡状态,实现了良好的工作适应,这时个体和工作倾向于保持现状。但是,如果其中一种满意度较低,或者两种都低,就会出现不平衡,从而引发一些改变,如工作满意度较低时导致主动离职,而绩效满意度较低时导致转岗或解雇。具体会发生哪些变化取决于个体差异和环境差异,这些差异主要体现在面对环境变化时的灵活性、主动性、反应性与坚持性四个层面。

人职匹配理论为我国诸多高校就业指导工作体系框架的构建提供了良好的思路和独特的视角。它启示我们要达到理想的人职匹配,高校就业指导一方面要引导学生多渠道、多方位地进行职业因素认知,另一方面要让学生全面认识自我,以此来明确自身职业定位。同时还要借助新兴技术,紧密联系学生、学生家庭、学校、用人单位、政府部门、学科领域、社会群体、教育机构等多个利益相关方,协同构建起一个精度高、时效性强的信息化互动网络,通过此网络,各方能够瞬时、精确且高效地传递并处理各项信息,从而让学生能适时地进行最佳匹配与最优抉择,以此获得职业生涯的成功。人职匹配理论是高校就业指导与服务工作的依据之一,但其局限性也很明显,一是人职匹配在现实中很难实现,一个人要找到与自己完全匹配的职业,或者说企业的某个工作岗位内容要找到完全匹配的人很难;二是这是一个静态的方法,忽略了人和职业的发展性,与现实的差距很大。

(二)职业生涯发展理论

职业生涯发展理论融合差异心理学、发展心理学、职业社会学及人格发展理论观点,弥补了职业理论选择中静态匹配的不足,强调人的生涯是一个不断发展和变化的动态匹配过程。把人的生涯发展按照年龄划分为不同的时期。此外,生涯发展理论还强调阶段论,简单来说就是当下不匹配不要紧,你可以为下一个阶段做准备,鼓励人立足当下,展望未来。生涯发展理论认为个体职业发展与其身心发展同样是随年龄、经历、成长环境、教育因素的变化而不断变化的,个体职业发展是一个连续、持久、动态的过程。生涯发展理论的代表人物是金兹伯格和舒伯。

金兹伯格是美国著名经济学家和职业指导专家,哥伦比亚大学经济学教授,早期主要围绕"失业"对人们的影响展开,随后将研究重心转向就业,他在1951年提出职业选择的历程是个体自我发展从模糊的空想变成具体的现实的过程。他认为人的职业选择是一个连续、长期的发展过程,职业发展和人的成长过程一样,也可以相应地划分为几个阶段,具体分为空想阶段(0~11岁)、尝试阶段(11~17岁)、现实阶段(17岁之后)。每一阶段都有各自的特点和任务,完成各个阶段的任务,也就达到了该阶段相应的目标。

舒伯是哥伦比亚大学师范学院的教授,同时是一位著名的咨询心理学家。舒伯于1953年提出"生涯"概念,他认为"生涯是生活中各种事件的演进方向和历程,统合了人一生中的各种职业和生活角色,由此表现出个人独特的自我发展形态"。舒伯对"生涯"一词的界定超越了狭隘的职业定义而具有深刻的人生内涵,使以职业为核心的静态职业指导逐渐被以个体发展为核心的动态生涯辅导所代替。[①] 该理论将职业发展与人生发展有机结合,认为职业生涯发展应该以人的自我实现为中心,生涯辅导应通过各种途径增进人们职业成熟和自我价值的实现,应突出自我概念,而不应该仅仅以外在的"职业需求"为核心。在后期舒伯还将人的生涯划分为五个阶段:成长期、探索期、建立期、保持期和衰退期,他认为每个阶段的任务与后一阶段任务前后衔接,相互影响;他还提出了角色理论,认为人的一生除了工作者的角色以外还承担着多种其他角色,生涯每个阶段中的"显著角色"会影响其他角色,人生发展不同阶段的生活广度与多角色交织的人的生活空间的统一即是生涯发展。

职业生涯发展阶段理论构建出一套完整成熟的职业发展理论体系,并开发

---

① 方伟.构建中国特色大学生职业生涯发展教育理论体系探析[J].国家教育行政学院学报,2022(7):10-18.

出一系列测量和评估工具,为个体人生规划搭建了清晰且实用的瞭望平台。生涯发展阶段理论对我国不同教育阶段人才培养体系都有显著的影响。2020 年教育部出台的普通高中课程方案明确了高中教育的"三适应一奠定"定位,要求高中教育能够"为学生适应社会生活、高等教育和职业发展做准备,为学生的终身发展奠定基础"①。有国内学者认为,应至少将职业生涯教育提前到高中阶段,通过生涯认知、生涯探索、生涯准备等方面培养学生的生涯发展技能、幸福的技能。另外,该理论也为高校全程化、精准化生涯辅导与就业指导体系的构建提供了坚实的理论基础。

(三)社会学习生涯理论

社会学习生涯理论特别强调学习经验,认为生涯选择是人与环境相互作用的动态选择过程,不是单纯由环境决定的,也不是在某一时刻才发生的,因此要兼顾个人心理因素与社会影响因素,要发挥人的主观能动性。社会学习生涯理论主要包括克朗伯兹的社会学习生涯决定论和伦特的社会认知生涯理论,班杜拉的社会学习理论是其重要的理论资源。

20 世纪 70 年代,斯坦福大学教授克朗伯兹在经典行为主义理论、强化理论以及认知信息处理理论的基础上,提出了生涯决定社会学习理论。他认为影响生涯决定的核心要素是学习经验,进而详细诠释了教育、职业和技能之间的形成机理,阐明了兴趣与能力对个人发展、职业选择和工作抉择的影响,强调生涯选择的影响因素包括遗传因素、环境因素、学习经验、处理任务的技能这四类,生涯辅导应该去扩展辅导对象学习新的经验,"增进当事人对技能、兴趣、信念、价值、工作习惯与个人素质的学习,期许每一个当事人能够在快速变迁的社会中,创造出幸福美满的生活"②。克朗伯兹在后期又提出了偶然学习理论,他认为应该帮助辅导对象保持对偶然事件及新机会的觉知,个人通过对偶然事件、新机会的生涯学习,进一步影响生涯诊断和决策。

1994 年,罗伯特·W.伦特、史蒂文·D.布朗和盖尔·哈克特提出了社会认知生涯理论,该理论特别强调通过人与环境的互动来提升个人的生涯规划能力,自我效能感、结果预期和目标这三个错综复杂的变量是 SCCT 的基本组成部

---

① 中华人民共和国教育部.普通高中课程方案(2017 年版 2020 年修订)[S].北京:人民教育出版社,2020.

② KRUMBOLTZ J D.A learning theory of career counseling[M]// SAVICKAS M L,WALSH.Handbook of career counseling theory and practice.3rd ed.Palo Alto,CA:Consulting Psychologists Press,1996:61.

分,社会认知生涯理论正是通过研究这三个变量的相互作用来探索人与环境互动的内在机制及其路径。该理论认为自我效能、结果期待会影响个人的兴趣发展,兴趣发展能预测目标、影响个人的选择及实践,而通过持续的活动、实践、练习和反馈,人们会不断完善自己的技能,于是能体验到目标达成与成就表现,进一步增强了自我效能感,并对参与活动的结果抱有一定的期望,进而勇于尝试不同的活动并主动学习,如此就会形成良性循环。

社会学习生涯理论特别强调学习经验,认为生涯辅导不仅是将个人特质与工作相匹配,其重点在于个人应通过参与各种不同性质的活动,获得多种多样的学习经验,这些所学到的技能都有可能在未来的工作中派上用场,并能拓展个人的兴趣,培养个人适当的自我信念和世界观。这为高校就业指导与服务体系的建构提供了诸多启示:首先,就业指导与服务应强化学生对技能、兴趣、工作习惯等的学习与养成,注重生涯活动内容的丰富性。包括但不局限于将个体特性与工作性质进行简单匹配,还要辅导他们积极拓展学习经历,激励他们以适当顺序和频率进行与生涯有关的探索活动;辅助他们系统有序地学习生涯决策技能;引导他们合理评估这些学习经验对自己的影响等。其次,要注重生涯教育和普通教育的有机融合。融合的主要目的是提高学生的生涯意识和规划能力,以更好地应对未来的挑战。这需要教育部门制定明确的生涯教育标准和课程体系;教师要接受专业的生涯教育培训,提高自己的教学水平和生涯指导能力;家长和社会各界也要重视生涯教育,积极参与到学生的生涯教育中来。

(四)后现代生涯理论

后现代生涯理论始于 20 世纪 80 年代晚期至 20 世纪 90 年代早期。现代生涯理论主要受逻辑实证哲学的影响,认为生涯发展是线性的、可预测的。后现代生涯理论则强调没有绝对的既存的客观现实,人们通过生活经验赋予客观事物意义,主观解释大于客观现实。后现代主义强调没有单一不变的真理,只有由我们自己建构的现实及真理;[①]强调接纳不确定性和片断性,拥护多元文化观点,尊重多样性和差异性。后现代生涯理论主要有生涯建构理论、生涯希望理论、生涯混沌理论和生涯咨询领域的叙事取向生涯咨询、焦点

---

① CYSBERS N,HEPPNER M J,JOHNSTON J A.生涯咨商:优势、多元、全方位[M].田秀兰,等译.新北:台湾心理出版社,2020:35-40.

解决短期咨询等。

1.生涯建构论

现代社会的不确定性为生涯建构论的产生提供了现实基础。经济全球化与价值多元化的发展使得职业市场对于应聘者的要求不断变化,个体的生涯发展不再是基于自身职业特征与工作的固定搭配,而需要根据外部环境的改变不断调整自我的生涯行为。基于丰富的生涯咨询实践经验和深厚的生涯理论学术功底,萨维科斯吸纳了建构主义、后现代思想等哲学观念以及其他生涯发展阶段的理论框架,于2002年正式提出生涯建构理论,旨在阐明职业生涯发展是个体通过有意义的职业行动与工作经历建构的,生涯建构的过程就是个体在工作中实现自我的过程。萨维科斯认为,人们要掌管好自己的生涯,就需要找到生涯主题,一旦主题确定,选择职业就是把个人的主题在生活中具体化,他在生涯咨询领域最大的贡献莫过于他在30年的实践中发展出的经典的"生涯五问"[①]:

(1)在你的成长过程中,有哪些人是你最敬佩的? 除父母以外,列举出三位。

(2)你经常看杂志、电视节目或浏览网站吗? 它们是哪些? 你喜欢这些杂志、电视节目或网站的哪些方面?

(3)你最喜欢的书或电影是什么? 跟我讲讲里面的故事。

(4)跟我讲讲你最喜爱的一句格言或座右铭是什么?

(5)你最早的回忆是什么? 我想听到3个故事,关于你在3~6岁时发生的事情,或者说说你现在能记起的最早的事情。

当事人在与咨询师的对话中,通过对这五个问题的回答不但能真切地看到自己的兴趣、能力、价值与动机,还能有机会找出自己内在深层的愿望与渴求,真正明晰和正视自己生命中若隐若现、贯穿全程的主题。萨维科斯认为生涯建构的重点就是帮助当事人在面对流动不确定生涯时重新建构自我的同一性,重新建构身份认同和职业适应性。

除此以外,克朗伯兹在后期提出的善用机缘论也是生涯建构理论体系中较为重要的一部分,该理论旨在说明人生中的偶发因素不可避免,人应当学会拥

---

① 马可·L.萨维科斯.生涯咨询[M].郑世彦,马明伟,郭本禹,译.重庆:重庆大学出版社,2015:74-86.

抱偶然,善用机缘,勇敢地接受生涯犹豫。此外,每个人的生涯建构体系都具有独特性,个体在成长过程中进行持续性的学习,以"授权"代替"适配",强调个人的主动性和积极性。克朗伯兹提出四种生涯建构的因素:遗传及特殊能力、环境及重要事件、学习经验、任务取向的技能等,正是由于上述影响,才导致了对个人与职场的信念体系、解决问题的技巧以及实际行为的发展。因此善用机缘论启示我们:首先,善用机缘论的重点在于不排斥意外的发生,强调对偶发事件的接受,以从中挖掘更多有益生涯发展的机会;其次,每个偶发事件都是机会,应培养抓住机会的技巧,这些技巧包括好奇、坚持、弹性、乐观以及冒险;最后,不应把生涯犹豫的现象视为需要迫切治疗的问题,而要对"不能做决定"持开放的态度。

2.生涯希望理论

在有关希望的界定和相关研究中,目前以认知取向的研究受到最多的重视,据此所做的实证研究较多,其中又以查尔斯·斯奈德等人(1991)所发展的希望理论最为完整和系统。斯奈德认为希望是跨越情境的状态,也是一种类似特质的概念;既具有跨情境性,也具有情境特异性;就概念而言希望是一种围绕目标设定的认知思考,涉及三个部分:目标、路径、动因,目标是指个体心中想象或想要的任何对象,个体所追求的目标,越是明确、重要与可行,希望会越高;路径是一种心理层面的计划或路径图,个体拥有越多的可达成目标的方法,希望感就越高;动因是一种驱动力,是要达成目标的动机和信念系统,动因将促进个体在面对障碍时不断努力,驱动个体达成目标。

而将希望理论运用到学校和职场两种场景下,便形成了诸如"就业希望""工作希望""职业希望"等概念,由此大量研究者将其归纳至生涯希望,并形成了生涯希望的相关流派,其中以斯宾塞·奈尔斯的希望行动理论最为有代表性。斯宾塞·奈尔斯于2010年提出了"希望-行动"理论,即希望来自行动,开创了以希望为中心的职业生涯发展模式,该模型建立在班杜拉的人类动因理论和斯奈德的希望理论基础上,认为想要在职业发展中游刃有余,首先需要具备对未来充满希望的信念,还要有意识地培养一些重要的态度和行为习惯,以有效应对人生路途中随时出现的生涯挑战,该理论提供了一个希望-行动胜任力的框架,具体而言,包括希望、自我反思、自我澄清、愿景、目标设定和规划、执行和调试。在以上的要素中希望是生涯发展的核心,其他五个组成部分是以希望为核心的生涯发展模型的基础。对于个体的生涯发展而言,对未来生涯发展充满希望的态度是催生其他几个方面的关键变量,如果没有希望,个体遇到生涯障碍的时候就会轻易放弃,因而也很难设置愿景,制定规划,实施与做出调整①。该理论还提出了一种挑战性的生涯实践的新模式,即首先制订具体的生涯发展目标与规划;然后将这些规划付诸实施;最后利用实施中收获的新经验来指导下一轮决策。

3.生涯混沌理论

传统的生涯理论建立在还原论范式和机械的因果决定观的基础上,静止、孤立地看待个体生涯发展,过分依赖测量工具,倾向于将人类生涯心理看作确定的、可预测的、理性的、合乎逻辑的②。为了将复杂性、变化性和机会等生涯新观念结合起来,从纯粹关注"概率"导向关注"可能性",生涯混沌理论这一新的研究范式应运而生,生涯混沌理论的代表人物是:罗伯特·普莱尔和吉姆·布莱特,他们是澳大利亚职业心理学家、澳大利亚天主教大学生涯教育与发展领域的教授。他们试图借鉴物理学、化学等自然科学领域的混沌理论视角来解释个体的生涯发展问题,在 2003 年提出了生涯混沌理论也称非线性动力学,从非线性科学的视角来看,它解释了生涯选择和发展中的偶然、突变、动态、几率性等问题,深刻地揭示了生涯系统具有复杂、不可预测、不断发展变化、不确定性的本质,充分考虑了生涯发展多因素的网络化影响方式,同时该理论认为生涯发展是自然的、内在的、具有自我组织和再生能力的,它将处在生涯发展阶段的个体看作一个自我追求体系,不仅寻求生存和成就,同时也寻求意义、使命、自我价值等。

生涯混沌理论中,不确定性和偶然事件是很重要的概念,构成了混沌本质的无序特征,同时,吸引子概念的引入有效解释了系统运行的目的性和收敛性,构成混沌本质的有序结构,无序与有序不是片面的孤立关系,而是辩证关系③,生涯混沌是有序与无序、稳定与变化、可预测与不确定之间的相互作用。该理论强调过程的偶然性和复杂性中生成的行为模式,而不看重可预测的稳定因

①　陈宛玉.青年学生生涯希望的发展特点、影响因素、作用机制及团体干预研究[D].福州:福建师范大学,2019:13.
②　王献玲,常小芳.职业生涯辅导"混沌理论"与"人职匹配"之比较[J].职教论坛,2017(26):31-34.
③　周文霞,谢宝国.职业生涯研究与实践必备的 41 个理论[M].北京:北京大学出版社,2022:489-490.

素,既承认人类的创造性也看到人类的局限性,有助于兼顾生涯现实主义和建构主义,为人们的生涯发展和职业探索提供全新的分析视角和理论工具。生涯混沌理论的应用价值还体现在提出了一系列新的生涯咨询策略、技术和工具,增加了生涯咨询、指导和教育实践的丰富度和有效性。例如,其中最具代表性的"蝴蝶模型"在教学和咨询中都有广泛应用,学生可以在教师或咨询师具有操作性技巧的带领下,学习如何在生涯决策中将规划能力和应变能力有机结合起来,以理解生涯中稳定性与无序性并存的概念。

后现代生涯理论对我国高校就业指导与服务体系的构建提供了一些新思路,尤其体现在生涯教育与就业指导的具体实践中。首先,将成长型思维融入生涯教育实践中。个人的成长是朝向未来的建构,高校通过生涯教育与就业指导课程、生涯赛事、培训活动等形式,引导学生相信能力的流变性、发展性和可锻造性,相信能力可通过持续努力、刻意练习、完善学习策略和寻求适当的帮助得以提升,相信可以凭借自身能力应对外界的不确定性,从而逐步培养和提高学生的专业能力、跨学科能力、生涯适应力和应变能力。其次,注重短期规划的重要性。开展生涯教育与就业指导时,学校需引领并强调学生对未来的适度规划,倡导一种具备"务实的理想主义"精神的价值导向,相较于追求那些无法精确预知的未来变革,更为紧迫和关键的任务则在于帮助学生充分理解如何才能迈好现在的每一步;要指导学生制订出切合实际且具有中短期指向性的计划,而非过早地强调长远目标,学生无须急于进行细致长期的规划,只需明确大致的前进方向,避免将目光过分集中于某一特定的职业领域而限制了自身发展。最后,提高刻意练习在就业指导中的频率。刻意练习理论强调刻意训练活动对个体最终成就的重要性。因此,在就业指导过程中,应该通过提供刻意练习活动,如专业技能、就业能力集中训练,鼓励学生积极参与朝向未来的生涯能力建构。另外,针对大学生群体出现了"慢就业""缓就业"等现象,如何转变其消极观念,让他们看到人生的意义和希望,激活他们的内驱力,引导帮助其构建积极的职业观、就业观是应对这些困局的良方,而"行动导向"则可以帮助学生冲破"想得多、做得少"的卡点,推动他们采取积极行动去实现生涯目标,高校应致力于培养学生的希望,引导学生采取积极行动。

二、生涯发展的其他支持理论

（一）心理需求理论

人本主义心理学的兴起使得职业指导领域开始重视人的需要,强调职业价值观在职业选择中的作用,其中对高校就业指导与服务体系建构较有影响力的有心理需求论和心理动力论。

心理需求论基于马斯洛需求层次理论探讨不同层次的心理需求满足或受挫的经验对日后职业选择的影响。该理论认为个人在生命早期基本需求获得满足或受到挫折的经验决定着个体心理需求的发展方向,而这些经验受到家庭环境的影响,包括家庭的文化资本、父母的养育方式和亲密互动。个人选择的职业环境往往反映出幼年时的家庭氛围。个体通过职业选择来满足其内在需求,就业指导与服务要着重于培养能够满足其内在需求的素质与能力,具体来讲,要帮助当事人识别自己的需求,发展能满足其需要的技术,并消除需要发展中的障碍。

心理动力论强调人内在动力与需求等心理作用对于个体职业选择的重要性。与心理需求论强调儿童早期经验对选择职业的影响有所不同,心理动力论将职业选择视为个人综合快乐原则与现实原则的结果,因此,高校就业指导与服务体系在实际工作中应着重当事人"自我功能"的增强。

（二）人力资本理论

亚当·斯密将"资本"划归为固定资本与流动资本,其中固定资本指所有社会成员获得的有用的能力,即人力资本。人力资本可以通过学校教育或学徒过程获得,但需要在前期付出一定需要偿还的成本。人身上的人力资本存量越大,也就是技能和知识越多,那么该个体在就业竞争中优势也就更大。

鉴于人力资本理论具有较好的社会效益,许多国家以人力资本理论为经济发展政策的理论基础,并大力发展教育事业,民众也受其引导,普遍追加教育投资以追求更高的学历水平。大学生的人力资本在就业市场中表现为一种"信号集",内含了就读院校、学历、专业、成绩、证书等,共同向雇主传递高校毕业生求职者的能力信息①。高等教育的生产性作用与筛选性作用通过毕业生在就业市场上展现的学历、才能与专业而体现。高校就业指导与服务体系即是基于高校人才培养基准就职业选择进行针对性的帮扶，以期实现高校毕业生的人力资本优势在就业市场的最大发挥。

（三）社会资本理论

社会资本理论是继"物质资本"与"人力资本"之后产生的又一个解释经济社会发展的重要理论，可追溯于亚当·斯密在著作《道德情操论》中对于市场"某种道德情感"需要的论述。1980 年布迪厄正式提出社会资本的概念，将社会资本看作一种"与互相默认或承认的关系组成的持久网络有关"的"实际或潜在资源的集合体"②。社会资本理论对于就业指导与服务体系建构的影响主要来自"强关系"与"弱关系"网络的构建、结构洞理论的应用以及社会资源观等。

社会资本同其他资本一样具有工具特性，是大学生就业过程中的重要工具。当今高校毕业生个体差异巨大，所处社会网络不同。社会网络越广泛，越能帮助毕业生跨越专业圈子，获得更多来自"结构洞"人脉的非重复就业意见和就业信息，且广泛的社会网络会给个体提供更多的帮助，利于个人生涯发展。高校就业指导与服务体系一项重要功能就是通过校友会、良好的校企关系网络等为学生提供更多的发展机会。

（四）系统论

系统一词，来源于古希腊语，是指由若干要素以一定结构形式联结构成的具有某种功能的有机整体，系统论是研究系统的一般模式、结构和规律的学问，它从整体出发研究系统内部各个要素的不同动态，探索不同系统相同的特征，探寻不同系统的相同之处，找到普适于不同系统模型的理论。系统具备整体性、开放性等功能③。系统论提供了一种思考和分析问题的框架，可以应用于自然科学、社会科学、工程学等领域，在系统论的视域下高校就业指导与服务体系是一个有机的整体，是非线性的，拥有各组成元素在孤立状态下所没有的性质，有超出组成元素的行为，这就要求将各种传统的就业指导、服务项目进行有效

---

① 贺尊.教育信号的经济解析：兼及中国大学生就业市场[D].武汉：华中科技大学,2006：15.
② 张文宏.社会资本：理论争辩与经验研究[J].社会学研究,2003(4)：23-35.
③ 韦永琼.贝塔朗菲复杂性一般系统论教育观探析[J].南阳师范学院学报,2008(2)：80-82.

整合,让他们发挥"1+1>2"的效果。系统的开放性也要求高校就业主管部门要与校内外相关部门及组织进行信息交互并交换资源,例如,建立高校-企业-政府-社会-家庭五位联动的机制以更好地完成系统功能,维持系统的稳定性。

第二节　我国新时代精准化就业指导思想

我国高校就业指导与服务体系近年来取得了较为显著的建设成果,总体表现为体系工作越来越受到重视,体系的服务功能越来越得到强化,高校全程化就业指导模式逐步推广,体系内容逐渐向纵深方向发展等。这些成绩的取得,根本在于习近平总书记掌舵领航,在于习近平新时代中国特色社会主义思想的科学指引。习近平新时代中国特色社会主义思想中蕴含着一种以精准理念为核心的实践方法论,它被视为解决各类实际问题时所需运用的关键思维模式,对我国高等教育领域的就业指导与服务工作具有基础性的导向作用和关键性的驱动作用。因此深入了解并学习新时代精准化就业指导思想能为高校精准化就业指导与服务体系的构建与应用提供价值引领和方向引领。

一、我国新时代精准化就业指导思想的主要内容

(一)习近平治国理政思想中体现的精准化思维

2013 年 5 月,《人民论坛》发表了贾立政、陈阳波等人所著《中国梦的灵魂与实现路径:习近平治国理政思想梳理》一文,提出了"治国理政思想"这一概念。① 党的十九大正式将以习近平同志为核心的党中央所取得的重大理论创新成果称为习近平新时代中国特色社会主义思想。习近平治国理政思想体系具有宏观、中观、微观三个层面,宏观层面主要是指方向性、指引性的关于顶层设计方面的内容;中观层面指的是总体布局和战略部署;微观层面涉及较为具体的条件保障方面的内容。② 习近平治国理政思想以民族复兴为逻辑主题,以治国理政为逻辑主线,辩证统一改革开放前后两个历史时期,是新时期关键性的

① 　姚东.习近平治国理政思想研究综述[J].马克思主义研究,2018(7):146-152.
② 　李安增,朱辰晨.习近平治国理政思想的传统文化意蕴[J].当代世界与社会主义,2016(4):78-84.

顶层设计。①

习近平治国理政思想蕴含了一系列科学的思维方式,精准化是其中最富特色的思维方式之一,②这也是习近平新时代中国特色社会主义思想蕴含的方法论中解决问题的重要思维方式。习近平指出"要从细节处着手,养成习惯。如果对工作、对事业仅仅满足于一般化、满足于过得去,大呼隆抓,眉毛胡子一把抓,那么问题就会被掩盖"③。这是他对治国理政精准思维内涵与意义的基本概括。精准思维落实到实践中,首先要求精准定位社会治理突出问题,其次要求精准谋划以确保治理和手段科学严密,最后要求精准施策以增强国家和社会治理的实际成效。④ 在习近平提出精准思维之后,有关精准化的各方面研究进入热点领域,学界涌现了诸多有关精准扶贫、精准帮扶、精准施策等理论研究,影响了社会各界各层面的发展。

(二)习近平关于教育的重要论述

在新时代,中国特色社会主义教育迎来转型升级,以更好地适应从全面"建设"小康社会跨入到全面"建成"小康社会⑤。党的十八大以来,以习近平同志为核心的党中央高度重视教育发展问题,习近平在全国教育大会上指出"新时代新形势,改革开放和社会主义现代化建设、促进人的全面发展和社会全面进步,对教育和学习提出了新的更高的要求"⑥。习近平总书记在党的二十大报告中指出"教育是国之大计、党之大计。培养什么人、怎样培养人、为谁培养人是教育的根本问题"。他的这一重要论述对加快我国教育事业改革与发展具有重要指导意义。

1."培养什么人"指出新时代教育发展的目标所在

经过中国共产党带领中国人民的百年奋斗,我国总体形成了坚持党的领导、政府宏观管理、学校自主办学、社会有序参与、法治化保障、信息化引领、各

① 胡伟.论十八大以来党中央治国理政的战略思想[J].科学社会主义,2016(5):90-94.
② 周贝,陈翠芳.论习近平精准思维的基本内涵及理论特征[J].学校党建与思想教育,2021(24):15-17.
③ 中共中央纪律检查委员会,中共中央文献研究室.习近平关于党风廉政建设和反腐败斗争论述摘编[M].北京:中国方正出版社,中央文献出版社,2015:47.
④ 张琳,于建贵.习近平"精准思维"重要论述的理论阐释与科学逻辑[J].思想理论教育导刊,2021(12):45-50.
⑤ 闵雪.习近平关于教育的重要论述研究[D].湘潭:湘潭大学,2021.
⑥ 习近平.习近平谈治国理政[M].北京:外文出版社,2014:198.

方合力推进、监督有力、开放包容的中国特色社会主义教育治理体系。习近平关于教育目标的论述紧紧围绕"育什么样的人"和"办什么样的教育"做出深刻解答与阐释。2018 年习近平在全国教育大会上明确指出,"我们的教育必须把培养社会主义建设者和接班人作为根本任务,培养一代又一代拥护中国共产党领导和我国社会主义制度、立志为中国特色社会主义奋斗终身的有用人才"。

2."怎样培养人"构建新时代教育发展的实践途径

2018 年习近平在全国教育大会上发表重要讲话,进一步强调坚持党对教育工作全面领导,突出坚持党的领导在教育中的重要性,中国共产党是中国特色社会主义事业的领导核心,党在各方面都处于统领全局、协调各方的地位。在党的领导下,需要高校作为人才培养的第一支撑,习近平总书记曾经强调:"高校只有抓住培养社会主义建设者和接班人这个根本才能办好,才能办出中国特色世界一流大学,要把形成'高水平人才培养体系'作为高校应当抓好的三项基础性工作之一。"①

3."为谁培养人"阐明新时代教育发展的本质价值

关于教育的价值属性,习近平在 2015 年同北京师范大学师生代表座谈时指出,"我们的教育是为人民服务、为中国特色社会主义服务、为改革开放和社会主义现代化建设服务"②。在教育是为谁培养人的问题上,习近平始终围绕为党育人、为国育才这一总体要求展开,结合中国共产党全心全意为人民服务的宗旨,将教育应当为人民服务这一理念概括为以人民为中心发展教育,综合构成习近平关于教育的价值论述,具体体现于教育方针的"四为"服务中。

(三)我国新时代精准化就业指导思想

我国新时代就业思想尚在不断探索和发展之中,是中国共产党在就业方面的最新理论成果。就业是永恒的话题,习近平总书记在 2013 年中央经济工作会议上指出,"要把做好就业工作摆在突出位置,重点抓好高校毕业生就业"③。习近平勉励当代大学生要有自己的志向,勇于付出,踏实肯干,转变就业观念,不怕吃苦,一步一个脚印地做好自己的工作,争取获得好的成绩。党中央要求

---

① 建设高水平高校人才培养体系:五论学习贯彻习近平总书记在北京大学师生座谈会上的重要讲话精神[N].中国教育报,2018-05-07(3).

② 习近平.同北京师范大学师生代表座谈时的讲话[M].北京:人民出版社,2014:5.

③ 中共中央文献研究室.习近平关于社会主义社会建设论述摘编[M].北京:中央文献出版社,2017:66.

相关部门要尽最大力度来扶持高等院校毕业生就业创业,帮助有困难的毕业生就业。我国新时代精准化就业指导思想确立了以学生为中心的精准就业指导原则,其关键在于以技术支撑为保障来践行精准理念。

2015 年教育部下发《关于做好 2016 届全国普通高等学校毕业生就业创业工作的通知》,首次以"精准"为要求,提出应"建立精准推送就业服务机制";2016 年教育部在《关于开展全国普通高校毕业生精准就业服务工作的通知》中明确提出"建立健全精准推送就业服务机制,促进毕业生更加充分和更高质量就业",要求"高度重视精准就业服务工作、建立精准对接服务平台";同年 11 月教育部下发的《关于做好 2017 届全国普通高等学校毕业生就业创业工作的通知》中,再次提出"强化精准服务"和"实施精准帮扶"的要求,"精准"成为高校人才培养、生涯引领、就业服务的重要航标。

党的十八大以来,以习近平总书记为领导核心的党中央提出的就业方针为以发展带动就业,完善就业服务体系,转变就业思路,积极鼓励和扶持高等院校毕业生创业,以创业促就业。党的十八届三中全会给就业工作指明了方向,提出把高校毕业生就业作为重点,并且做好帮扶有困难人员就业的方针政策。党的十九大报告明确指出,要坚持就业优先战略和积极就业政策,实现更高质量和更充分就业。党的二十大报告对实施优先战略做出新的部署,明确就业优先的战略任务,提出一系列新要求,政府健全就业机制,鼓励高校毕业生到基层工作;鼓励高等院校毕业生自主创业;合理规划高校毕业生专项创业基金以资助大学生创业;为离校未就业毕业生提供就业准备帮扶;针对确有特殊困难的毕业生实施倾斜政策。针对就业问题不断制定的政策充分体现了党增进民生福祉的价值追求,充分体现了以习近平同志为核心的党中央深厚的为民情怀,对于高校就业指导工作的部署,促进高校毕业生高质量就业具有十分重要的意义。

二、建构新时代高校精准化就业指导与服务体系的价值取向

面对新时代,建构具有中国特色高校就业指导与服务的创新理论势在必行,既需要保留本土特色又要有全球视野。目前我国高校就业指导和服务的理论体系构建多参照西方生涯发展和建构理论流派的理论观点,缺乏对自身相关话语体系重视和本土化就业指导与服务工作的实践反思。因此本土化的理论

体系应在综合考量我国社会市场大背景变化走势和实际就业指导与服务工作需求之后，参考西方相关生涯理论，取其精华去其糟粕，并融合中华优秀传统文化和社会主义核心价值理念，以此建构中国特色社会主义的、符合时代发展需求的高校精准化指导与服务的体系。

（一）个人特性与社会需求相平衡

高校生涯发展与就业指导课程一方面要满足个人发展的需要，另一方面也要结合时代需求，调整内容、方法和目标，将二者合二为一。

由于不同时期经济、文化背景不同，社会需求不同，所需人才也有所不同。自古以来，教育对人培养的目标都与时代的需求紧密相连，教育目的因文化背景、社会制度、经济结构等的变化而不断改变。例如在封建时期，孔子提出"学而优则仕"，认为教育理应指向国家的发展，培养有德行的君子和修身齐家治国平天下的能人；洋务运动推行"以技为本"的办学理念；到后来在蔡元培倡导的"五育并举"思想下，都在不断地赋予新的内容和目标，以适应时代的发展、社会的需求。中华人民共和国成立后，国家层面的教育目的是教育必须为社会主义现代化建设服务、为人民服务，必须与生产劳动和社会实践相结合，培养德智体美劳全面发展的社会主义建设者和接班人。它反映了国家对教育所要培养人的质量和规格的要求，是各级各类教育的总目的。时代的不断前进和经济的快速发展赋予了其新的价值意蕴。当下我们面临着百年未有之大变局，培养适应社会需求，兼具创造精神和实践能力的时代新人成为各高校人才培养的终极目标。

我国对人才个性化的培养可以追溯到春秋战国时期，孔子率先提出了"因材施教"，倡导对不同的学生采取不同的教育方式、制定不同的培养模式和目标。后来"因材施教"的教育智慧历经了程颐、朱熹、张载、王守仁、颜元等思想家的阐释，在不断的实践打磨和理论丰富中形成了具有时代意义的思想意涵，一直传承并影响至今。在个性化教育时代，因材施教返本开新、历久弥新，在当代得到了广泛的应用。西方最早提出的匹配理论也是在强调个人特性和岗位的适配性，进而达到生涯个性化的目的；当前的生涯发展理论弥补了匹配理论静态分析的不足，鼓励人根据自身个性进行角色的平衡。个性化的生涯教育强调从之前的多个人共用一个生涯方案、一套指导理念演变为一个人选择多种生涯方案、多样的指导理念，强调生涯教育与个人特性的契合。

总而言之,社会需求是高校精准化就业指导与服务体系建构的基础,关注个人特性是其需进一步努力的方向。

(二)生涯动态性和稳定性相统一

古希腊哲学家赫拉克利特提出:"人不能两次踏进同一条河流。"发展观认为一切事物是运动的,世界万物是不断发展变化的。人也是一样无时无刻不处在变化之中。大学生处于价值观念、思想意识塑形的时期,上一阶段刚结束高中单纯的学习生活,下一阶段即将踏入复杂社会人际关系之中。学生在此期间受到多重环境因素、教育因素影响,导致学生价值观念多元化、自我异化、素质综合化。正如生涯混沌理论所揭示的那样,生涯是非线性的发展,这些学生动态化的发展,要求高校生涯教育与就业课程的指导关注生涯的变化,包容和接纳生涯的不确定性,不做静态的生涯分析,不急于一时做出职业生涯的决断。新时代下的生涯教育强调生涯的动态发展,高校就业课程指导重视学生的发展与心理变化,提供给学生可选择的课程内容、资源平台、实习机会,理解并接受学生的发展性和变化性,指向更长远的个人生涯。

肯定生涯的动态性不代表对生涯稳定性的否定。生涯发展的稳定性是指一个人的职业生涯从开始到结束保持相对稳定和一致性。它涉及一个人的职业选择、发展道路、职业发展的稳定性和持久性等。具体而言,一个生涯发展稳定性高的人,他的职业选择是基于自己的兴趣、能力和职业目标,并且坚持努力实现这些目标。他通过不断学习和提升技能,构建强大的职业网络和考虑多元化的收入来源来保持职业发展道路的稳定性。同时,他的职业发展稳定性和持久性也可以通过不断的自我评估和调整,来增强。这种稳定性也有助于建立个人的职业品牌,并且在实现个人价值的同时,找到生活和工作的平衡。总的来说,生涯发展稳定性是通过科学、完善、持续的职业规划来实现的,这也是个人实现职业成功和稳定的重要途径。

(三)阶段发展与终身发展相结合

大学生就业指导具有阶段性,是一个系统化的工程,包括思想理念、体制机制、职业教育及就业引导等多个方面。大学生的就业指导应该贯穿大学学习的整个过程,以帮助他们树立职业观、扩展就业渠道、提升就业能力,为他们建立阶段发展与终身发展相结合的智慧化、全链条的就业指导与服务体系。

　　高校精准化就业指导是立足于人的全面发展而进行的指导,各年级所处发展阶段不同,发展任务不同,因此精准化就业指导的内容也不相同,低年级阶段,学校可以结合新生入学教育,组织"新生生涯第一课",为学生提供从高中阶段到大学学习的衔接缓冲区,启蒙生涯意识,促使学生主动规划学业职业发展。中间阶段,学生要对自己的未来职业进行初步的规划,学校可以通过分类分层的课程、就业指导活动或个性化咨询,帮助学生了解各个行业的就业前景和职业要求,还可以提供实习机会,让学生提前接触职业,积累实践经验,提高职业素养。高年级阶段,学生开始注重自己的职业技能和专业知识的积累,学校可开设就业能力提升培训,帮助他们掌握求职技巧和注意事项,提高求职成功率。

　　新时代就业指导要建立起全程化、全方位的指导体系,指向人的终身发展[①]。目前高校就业指导存在的问题主要在于缺乏全程性,部分高校只在开学和毕业之际临时开设培训,这种临时抱佛脚的做法无法提升就业质量和生涯满意程度。全程化包括但不局限于选专业前、专业就读期间和就业选择三部分:一是在专业填报之时,如大类招生专业分流、第二专业的选择、跨学科考研等场景下,学校应当对学生进行专业选择指导,告知专业的学习内容和就业方向,鼓励学生按照自身愿景积极填报;二是在就读期间,指导学生明晰市场用人需求,鼓励学生及时更新自身知识和技能,以符合社会用人标准,提升自身竞争力;三是在就业选择时期,面对铺天盖地的招聘信息,高校要帮助学生进行甄别,为学生做专属"一对一"规划,分析岗位信息、发展前景等,合理职业定位。这种全程性的就业指导通过为学生提供良好的生涯教育平台,引导并协助学生找到适宜的岗位,并为今后发展方向给予有效的建议,从而为学生的终身发展奠定坚实基础。

① 　项炳池.我国高校职业生涯教育的发展基础及当代转向[J].高校教育管理,2017(3):105-111.

第三章 高校精准化就业指导与服务体系构建的概念、原则及技术依托

高校精准化就业指导与服务体系是在整个高校教育体系中不可缺少的部分,它既是对学校育人成果进行质量检验的重要环节,也是推动学校人才培养发展的关键要素之一,在高校发展和社会发展中都占据尤为重要的地位。因此,本章将对这一主题展开深入讨论,旨在明晰其中涉及的相关概念和价值意蕴,阐释构建高校精准化就业指导与服务体系的重要原则,并对构建和完善院校精准化就业指导与服务体系的技巧与方法进行系统性的梳理和说明。

第一节 高校精准化就业指导与服务的概念阐释

高校就业指导以"大学生就业"为核心,目前已出现一种崭新的指导模式——精准化就业指导与服务,其关键要义就是"精准化",其主要优势就是以精准理念为就业提供便利,本节尝试厘清高校精准化就业指导的相关概念,为后续更为深入地剖析这一新型指导模式之实质及其操作策略提供扎实的理论基石。

一、大学生就业

就业是指在法定年龄内的劳动者,在社会岗位上从事合法的劳动,并因此获得相应的劳动报酬或经济收入的活动。就业具有五个基本特点,即就业主体必须符合法定年龄、所从事劳动岗位具有社会属性且合法、就业主体具有劳动能力与劳动意愿、就业主体可以通过劳动获得报酬、就业主体有明确规定的工

作时间。因此无论是在国家机关就业，还是企业谋求职业，又或者选择自主创业与灵活就业都属于就业的范畴。①

　　大学生就业除了具有普通就业的基本属性，还因其能力素质、所在场域、就业时间范围的影响，使得大学生就业具有其特殊的内涵。大学生是接受过高等教育的待就业主体，在高等教育过程中接受了知识教育与实践锻炼，能够获得相应的学位证书与毕业证书。大学生在高校中接受高等教育，所在场域兼顾教育性与知识性，但是缺乏相应的社会性场域熏陶，此外，大学生就业具有较为明显的时间范围，主要集中在毕业前一年九月至次年六月。因此，大学生就业的内涵为符合法定年龄范围并具有劳动意愿与劳动能力的大学生群体能够将自己在高等教育机构所学的知识转化为相应的劳动能力，在社会性岗位中从事合法劳动，并获得劳动报酬的活动。

二、高校就业指导

　　高校就业指导是立足于学生可持续发展与全面进步而进行的指导，从狭义上来说就业指导单指为需要获得职业的大学生提供适合的服务与指导，包括传授就业政策、就业权益维护、职场适应与发展、自主创业等相关知识，训练其求职择业技能，讲清就业形势，向毕业生传递就业信息，帮助其解决就业中出现的问题，为其顺利求职择业、迈向社会提供具体的指导和服务。从广义上来看，高校就业指导是立足于大学生的全面发展，以学业发展为基础，以职业规划为方向，以事业成就为导向，实现大学生学业、职业、事业三位一体，促进大学生专业能力与个人综合素质提升的指导与服务活动。

　　高校就业指导主要包括四种方式。一是开设就业指导课。将就业指导的内容分步骤地在不同的年级安排适当课时，采取讲授与讨论相结合、理论与实践相结合的方式，使就业指导课生动活泼，富有成效。二是开展生涯赛事。通过举办大学生职业规划大赛等生涯赛事，能够更好促进学生学习、教师教学及学生就业。三是开展就业与创业体验。通过与用人单位建立就业实训、见习基地，利用实训、见习、假期等时间，让学生体验用人单位的岗位环境，使学生在真实的职业环境中熟悉和适应工作，获得真实劳动体验。四是开展生涯咨询。这

①　张晓蕊，朱望东，马晓娣.大学生就业指导［M］.北京：北京理工大学出版社，2022：1-15.

类形式主要包括两方面任务：一方面是通过咨询让学生明晰当前的就业形势、就业政策、就业信息等，并掌握基本的求职技巧；另一方面是帮助大学生正确认识与评价自己，指导他们依据自身的特点和优势进行职业探索，合理地进行生涯规划。

三、高校精准化就业指导与服务

精准理念是习近平新时代中国特色社会主义思想蕴含的方法论中解决问题的重要思维方式。习近平总书记多次强调，我们要积极运用精准理念开展各项工作。精准与粗放都是相对应的行为方式，精准指导是对粗放指导的升华与超越。当前产业升级转型，对高校就业指导教师提出了更高的要求，因此实施精准就业指导是高校就业指导工作开展的必然取向，也是高校就业指导基本指导理念与核心要求。同时在信息化时代，大学生信息获得渠道逐渐多元化，就业需求也越来越丰富立体，因此，为了满足学生在个性化方面的深入要求并帮助他们实现全面发展，有效地缓和就业市场中日益凸显的供求双方之间的结构性失衡问题以及达成供需平衡的目标，实现就业资源的有效配置与利用，实施精准化的就业指导策略无疑是解决这一综合问题的核心关键措施之一。

高校精准化就业指导体现高校就业指导从粗放管理到精准施策的转向。所谓高校精准化就业指导与服务，是指以学生发展为价值取向，以现代新兴信息技术和智能技术为依托，以精准指导为核心理念，以准确分类、全面覆盖、兼顾个性为要义，结合学生的差异化背景、类别化特点和多元化需求，对学生进行精准分析和排摸，在各种纷繁复杂的信息中抓住引起就业供需矛盾的主要问题和矛盾的主要方面，针对性地开展精准指导、帮扶和反馈，达到就业需求与就业供给之间的高度匹配①，实现精准育人和高质量充分就业的过程。高校在提供精准就业服务时，其涵盖的内容不仅仅局限于精确把握未来职业发展的方向，精准获取相关资讯，成功链接各个就业合作平台，准确无误地发布各类求职信息以及有针对性地展开援助工作等等，同时也涵盖了对广大同学树立正确的职业观念和就业选择方式的引导及塑造。在这个过程中，我们将着力为学生提供精准就业指导与服务，通过深入细致的引导、精准到位的宣传推广、高精度的专

---

① 王永珍.高校精准就业指导的核心要义和实践路径[J].思想理论教育,2021(8):98-102.

业指导以及精细严密的效果反馈以帮助他们更好地适应各类新型"云端"就业方式,熟练掌握并运用互联网求职技巧,持续提升学生们的信息素养水平,从而进一步增强其运用信息资源、驾驭信息潮流以及创新信息应用的实际能力。

第二节　高校精准化就业指导与服务体系的建设原则

建设原则是高校精准化就业指导与服务体系的应然指向,高校精准化就业指导与服务体系在建设之初、建设过程、建设结果等方面都应遵循人本化原则、分类化原则、全程化原则、效率化原则、系统化原则(见图3-1),以构建一个既有实际效率又具有高校教育温度的精准化指导与服务体系。

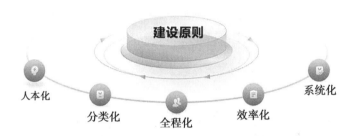

图3-1　高校精准就业指导与服务体系的建设原则

一、人本化原则

随着新一轮产业革命的兴起,高等学校就业指导与服务应遵循人本化原则,以马克思主义关于人的全面发展等教育思想为指引,这也是我国在社会主义现代化建设与教育强国建设对高等教育人才培养提出的要求。

首先,指导与服务的目标是指向人的发展。伴随着市场经济的高速发展,综合素质在学生成长与发展过程中所起到的作用越来越大,学生综合素质的培养与提升也是高校精准化就业指导与服务题中应有之义,因此高校精准化就业指导与服务就是要坚持"以学生为中心",全面贯彻为学生成长成才服务的教育理念,按照教育的一般性和特殊性原则,结合当代大学生成长成才规律和个性发展特点,结合学校特色和学科专业设置,有针对性地为大学生提供教育指导和职业发展服务,以期提升学生的个人综合素质。

其次,指导与服务的过程是以学生为中心。教育的本质在于人的发展,学生是高校精准就业指导与服务的核心,指导与服务过程都应围绕"学生"这一关键主体进行,在指导与服务过程中应将学生置于就业指导的核心位置,在引导学生了解自我和认知职业环境、建立职业认知和增强专业能力、加强就业体验和促进职场适应、建立职业道德和树立职业精神等方面发挥教育功能和引导推动作用,引导并促进学生对学业、职业、人生的体验和规划,开展三个规划:学业规划、职业规划、人生规划,即做好学业规划,开展职业规划,探索人生规划。

最后,指导与服务的宗旨贯彻人本化原则。在高校精准就业指导体系中应将人本化作为指导的宗旨,在就业指导体系中贯彻落实人本化原则,人本主义教育原则也是体现高等教育公平的关键要点,[1]高等教育就业是学生获得社会资源分配权的直接路径,因此高校就业指导从就业课程的设计与实施、就业体系的优化与完善、就业活动的开展与落实等都应贯彻人本化的原则,在高校就业指导的过程中体现以人为中心,以发展人本为宗旨,以人的进步为目标。

二、分类化原则

高校精准化就业指导与服务突出"精准"的特性,在岗位精准、校企精准、行业精准、区域精准之外,还要体现指导精准。指导精准是在指导过程中指导对象精准、指导平台精准、指导内容准确,高校精准化就业指导除了要具备普通就业指导的一般特点,也应当贯彻分类指导原则。首先,高校精准化就业指导在不同学科之间具有差异性。2011年3月,国务院学位委员会和教育部颁布修订的《学位授予和人才培养学科目录(2011年)》,规定我国分为哲学、经济学、法学、教育学、文学、历史学、理学、工学、农学、医学、军事学、管理学、艺术学、交叉学科14个学科门类。不同的学科门类之间的就业导向以及就业方向也不相同,医学偏向实操就业导向,文学偏理论就业导向,高校精准化就业指导要分门别类具有针对性地开展,设计具有通识性的指导内容,同时也针对各个学科的发展方向与实际特点,开展具有学科特色的就业指导。

其次,高校精准化就业指导应根据年级构建分类贯通的生涯指导体系。构建贯通大学低、中、高年级不同阶段的全程一体化、三阶递进式就业指导体系,

---

[1] 伏斐,陶军屹.实行人本化教育有利于促进教育公平[J].云南行政学院学报,2010,12(3):145-147.

为学生提供连续性、系统化的职业生涯规划教育指导。高校精准化就业指导是立足于人的全面发展而进行的指导，不同年级之间都应进行就业指导，但是各年级所处发展阶段不同，发展任务不同，因此精准化就业指导的内容也不相同，大一、大二时的职业生涯唤醒阶段，通过高校精准化就业指导，使学生逐步有清晰的自我认知与职业生涯认知，能够形成初步的职业认知。大三处于职业生涯规划的选择期，高校精准化就业指导应为学生提供多元多样的就业指导，如参观实际工作场所、举办职业技能大赛等，增强学生实际就业能力，并且能够给予学生更多的试炼机会。大四处于职业生涯的抉择期，在这个过程中高校精准化就业指导除了进行必备就业能力的提升，还应为学生提供充足的就业信息，并且设立就业心理咨询服务中心，缓解学生的就业压力。

最后，高校精准化就业指导应该根据个体能力、意愿进行分类指导。个体的发展是先天环境与后天教育综合作用的产物，因此在进行精准化就业指导过程中应该理解每个学生能力水平的差异，根据其实际能力水平进行分类指导。同时也应该根据学生个体就业意愿进行针对性的就业指导，在体现精准化就业指导的同时展现就业指导应有的教育温度。

三、全程化原则

高校精准化就业指导与服务工作是帮助大学生在认识自己的基础上，以个人的理想与社会职业需求为指向，作出正确的职业决策，能够将个体特点、自我理想、社会需求结合在一起。全程化是精准化就业的前提条件，大学生就业虽然具有极强的时间特点，但是，精准化就业指导与服务是在全程指导的基础上，将就业指导视为系统性的工程，根据学生的发展理论以及职业规划理论，参照大学生身心发展规律实施分阶段的就业指导与职业生涯规划，帮助学生了解真实的就业劳动力市场，培养学生正确的就业观念，引导学生熟知相关的就业政策与法律法规，实现大学生职业就业素养的全程培养。

首先，高校实施全程性的指导与服务是学生全面发展的现实要求。学生全面发展的一个重要指标便是在学生发展的各个阶段是否能获得相应的支持性力量。大学生的学习与成长并不是一个短期的过程，因此大学精准化就业指导工作应该贯穿大学生的学习全过程，发展全过程，因此高校就业指导也并不是一项短期性的活动①,高校毕业精准化就业指导并不能等同于大学生全过程就业指导,快节奏的就业指导不符合学生发展的实际需要,也难以实现"精准化"就业指导的根本目标。因此,转变高校就业指导只面向毕业生的局限境地,高校应构建全程化的就业指导体系。

其次,高校实施全程性的指导与服务是培养学生就业素养的现实需要。大学生正确就业观的培养是就业指导与服务的重要内容。基于我国的现实教育体系,中学与大学之间缺乏相应的职业生涯规划体系,在新高考背景下,职业生涯规划从幕后走到台前,因此,就业与求学相对割裂的状态也是当前教育亟待解决的问题。学生在新高考选科背景下,依然没有形成明确的就业目标,在报考专业时也是相对盲目,但是就业观形成是一个循序渐进的过程,因此高校精准化就业指导与服务应当体现全程性,逐渐帮助学生树立明确的择业目标,形成体系的就业观。

最后,高校实施全程性的指导与服务是提高大学生就业素养的要求。大学生的就业素养体现在多个方面,其中就业核心竞争能力是最直观的体现,就业素养来源于学生在学校就读期间的努力学习与实践锻炼,因此高校精准化就业指导与服务,除了对象精准、内容精准以外,还要体现时间上的精准帮扶,学生不同时期面临着不同的问题,学校应避免成为单一的学生就业的推销员,也应当成为学生实际就业能力的培养者,且大学生从高中升入大学时,对职业规划、培养就业能力等概念是模糊的,临近就业才真正意识到职业生涯规划与阶段能力培养的重要性,因此,为了避免学生就业出现后劲不足的现象,培养学生良好的就业素养与就业能力,应当将就业指导贯穿大学培养的全过程,这也是实现精准化就业指导与服务的基础。

四、效率化原则

高校精准化就业指导与服务是一个持续发展的过程。人工智能、大数据分析、云计算处理以及物联网等尖端科技的迅猛发展,引发了新一轮的科技性革命与产业结构调整的浪潮。值得注意的是,以数字经济为主导的市场活动已然成为当前全球范围内发展速度最快、创新活动最为活跃且影响力最为深远的经

---

① 翟波.“全程化”高校就业指导模式的构建与实施路径选择[J].现代教育管理,2011(11):111-114.

济领域,它在推动就业增长、刺激经济发展的新动力释放以及改善人类经济社会福利水平方面发挥了关键性的作用。数字化转型为高校精准化就业提供了效率动能,高校精准化就业指导与服务也应当遵循效率化原则。当前学生处于多元社会环境之中,这对高校精准化就业教育、引导、规划、服务等各方面工作都提出了更高的要求。高校逐渐从建立就业指导机制转变为建立高效精准化就业指导与服务机制。

首先,效率化是精准化就业指导与服务的必然结果。高校构建精准化就业指导机制,依托数字教育转型升级加强高校数字化工作建设与布局,高校根据实际的就业指导与服务工作需要,进一步加强全校数字化就业工作的整体布局与整体设计,统筹协调推进高校精准化就业指导与服务,形成以培养学生就业素养与就业能力为导向的全校就业指导与服务工作一体化,明确加强校内外各部门协同合作,教学部门、就业部门、数字化建设管理部门通力合作,实现学生学业、就业、职业的高效联通。

其次,效率化也是学生就业的基本取向。大学生就业工作具有群体性与时间范围的特性,要在固定的时间内寻找符合职业发展规划且与自身职业志趣相符合的工作并不容易,因此在进行职业选择的过程中,效率成为学生就业的基本取向之一。依托互联网等网络新兴技术的发展,就业信息平台建设越来越完善,打破就业信息壁垒,学生获得就业信息的方式呈现多元化,信息的实时性得到了保障,用人单位也能够通过线上平台招聘的方式组织招聘,方便用人单位与学生在互联网上进行双向选择。此外,根据学生个人实时检索、数据平台进行个性化推送也是就业效率化的重要体现与内容。值得注意的是高校精准化就业指导与服务效率化是坚持教育本质取向,如果过于关注数字化平台等,可能会陷入工具主义的价值陷阱,因此在关注精准化就业的同时应明确个体生涯发展是高校精准化就业指导与服务的根本。

五、系统化原则

一般来说,系统化是一种思维过程,它是指通过分析综合化把整体的各个部分归入一定的顺序,在这个顺序中,各个组成部分彼此发生一定的关系和联系,构成一个统一的整体。大学生就业是一项关联因素多、影响面广的系统化工程,因此高校精准化就业指导与服务体系致力于大学生就业,也应当遵循系统化原则,包括内容体系化、指导主体系统化、指导平台系统化。

首先是内容体系化。高校精准化就业指导与服务内容的系统性,既要包括统筹规划转变观念、精准定位开拓渠道、有的放矢培养能力、用心用情开展指导,打好"组合拳";也要包括生涯唤醒、自我认知、生涯体验、职业选择、生涯管理等职业生涯规划的全部内容,如开展生涯讲座,举办学生就业指导主题活动,建立就业教育的活动基地等,培养学生生涯规划意识。同时普及生涯测评工具的运用,鼓励学生结合自身的兴趣爱好,发展自己的优势学科和特长,开展就业咨询与指导,制作职业成长规划书,同时也要将思想政治教育的内容融入高校精准化就业指导与服务的全过程,教育工作者就能够在学生各个学习阶段内进行就业指导教育。在此过程中,教育工作者也应该有效融合思想政治教育和就业指导教育,为学生构建健康的就业观与价值体系提供指引。唯有如此,我国高等院校才能够实现更高质量与更高成效的高等教育工作。

其次是指导主体系统化,高校精准化就业指导与服务是面向全体学生、关注学生发展全过程、体现高校全体教育资源的活动,因此要注重指导主体的选择与综合运用。一方面,高校要构建专业的就业指导师资团队,既要掌握就业指导的流程与方法,还要对学生身心发展与实际就业发展有深入的了解,优质的就业指导师资团队是精准化就业指导的质量保证,也是开展职业生涯规划教育的重要保证。因此高校要加强对就业指导教师、辅导员等师资团队的培训,主动提供校内外学习深造的机会,帮助其持续提高精准化就业指导能力。另一方面,高校毕业生就业不仅是学生个人的责任,而且是一个系统性和普遍性的社会课题,破解难题的关键是多方协同、多项赋能、多措并举。要充分发挥学生个人、家庭、学校和社会的力量,群策群力、全员联动,为学生就业提供有效保障。

最后是指导平台系统化。平台系统化也是贯彻落实就业指导与服务系统化的原则的重要体现,主要体现在校内平台与校外平台的整合,大学生实践经验有限导致学生形成就业短板,高校构建精准化就业指导与服务平台的时候应深化校企合作,实现校企合力育人,提高用人单位的聘用标准,并将聘用标准有效地融合在学生的培养中,如建立就业实训基地,增强学生实践能力,开展多样式的主题活动,引导学生走进企业、走入实际的工作环境,有助于学生更好地作出自己的生涯规划与职业选择。同时,还要搭建创新创业公共服务平台,打造创业教育生态圈,全面支持高校学生自主创业和灵活就业。

第三节　高校精准化就业指导与服务体系构建的技术依托

智能化、数字化、网络化为核心特征的第四次工业革命在一定程度上变革了人类劳动方式与组织形式,它正在改变并即将颠覆几乎所有的产品生产与服务提供,也势必对高校学生就业产生重大影响①。新兴技术的发展,为精准就业指导提供了客观条件,高校精准化就业指导与服务必须依靠技术依托才能实现,本节主要结合精准化就业指导与服务详细阐释相关前沿技术的内涵和应用。

一、互联网

互联网又称因特网、国际网。网际网,是利用通信设备和线路将全世界不同地理位置的功能相对独立的计算机系统互联起来,以功能完善的网络软件(网络通信协议、网络操作系统等)实现网络资源共享和信息交换的数据通信网。互联网具有三个基础功能:其一是数据通信功能,该功能主要体现在实现计算机之间、计算机与终端之间的数据传输,这是物联网技术的最基础功能也是实现其他功能的首要前提。其二是资源共享功能,在通信功能的基础上,互联网能够实现数据共享、软件之间的资源共享、软硬件之间的资源共享。其三是负荷均衡和分布处理功能。负荷均衡是指网络中的负荷被均匀地分配给网络中的各计算机系统。"互联网+教育"是符合当前时代的发展格局②。因此高校精准化就业指导与服务不仅需要开辟专门的业务平台以进行针对性的咨询服务交流互动,同时也要因地制宜,积极运用就业网站、短信推送、就业应用程序以及微信等多样化媒介手段,来搭建一个高效的需求供给精准匹配服务平台。对于此项工作,除需要专门指派相关人员进行日常维护和管理外,还应注

---

① 马星,冯磊.提高学生生涯适应力:论新工业革命时代高校就业指导工作的范式转变[J].高教探索,2021(5):118-123.

② 张彦通,张妍."互联网+教育"的本质与内涵[J].国家教育行政学院学报,2018(1):62-68.

重对实时收集、整理并发布的供需信息进行定期维护、适时更新、即时统计,从而有效地发挥互联网科技在提高高等院校精确化就业指导与服务水平过程中所起到的基础性支撑作用。

二、物联网

物联网的概念是在 1999 年提出的,又名传感网。物联网是指通过接口与各种无线接入网相连,进而联入互联网,从而给物体赋予智能,可以实现人与物体的沟通和对话,也可以实现物体与物体相互沟通和对话。物联网是指对具有全面感知能力的物体及人的互联集合。两个或两个以上物体如果能交换信息即可称为物联。使物体具有感知能力则需要在物品上安装不同类型的识别装置,如电子标签、条码、传感器、红外感应器等。物联网可以实现对各种物品(包括人)进行智能化识别、定位、跟踪、监控和管理等功能。这也是组建物联网的目的。物联网具有三重属性即对物体具有全面感知能力、对数据具有可靠传输能力和智能处理能力。

利用物联网,可以实现精准的就业市场预测和指导,为高校毕业生提供更便捷的职业信息和就业机会获取渠道,也能提供全面的职业规划和就业能力提升服务,进而帮助他们实现高质量就业。学校可以收集和分析学生在学习和生活中产生的各类数据,如学习成绩、社交行为、专业兴趣、职业规划等,并以此为依据为学生提供符合其学习能力、性格、兴趣、价值观等方面的教学和指导,帮助他们制定明确的职业发展规划,进一步明确职业方向和就业目标。同时,学校可以利用物联网技术,精准定位学生,收集和分析其就业意愿、地域、待遇要求等信息,然后通过物联网平台将符合其条件的招聘信息、就业政策等精准推送给学生,以提高就业效率和满意度。此外,各类企业和行业机构可以通过物联网平台发布招聘信息和职位需求,帮助学生了解物联网企业和行业的最新动态和发展方向,以及物联网相关岗位的市场需求,进一步提高就业精准度。

三、云计算

大数据和云计算虽然是两个完全不同的概念,却是相互依赖的。大数据的指数级增长使得数据的提取、存储、处理、管理以及分析具有较高的复杂性,因此大数据对云计算环境有着很高的依赖。云计算是一种基于互联网的计算模式,它通过网络连接将计算资源、存储空间和应用程序等服务提供给用户。云计算的服务模式包括基础设施即服务(IaaS)、平台即服务和软件即服务。通过云计算,用户可以在云端部署和管理应用程序、存储和处理数据、运行虚拟机等,不再需要担心硬件和软件的维护和更新。云计算具有高效、灵活、安全、可扩展等优点,已成为现代信息技术的重要发展趋势。云计算的应用领域非常广泛,包括企业 IT、大数据分析、物联网、人工智能等。随着技术的不断发展和应用的不断扩展,云计算将成为信息化时代的主要基础设施之一[1]。

高等院校的精准就业指导与服务的核心宗旨是促进学生的职业发展和生涯规划,这是其关键的出发点和最终的落脚点。因此,为了更好地实现这一目标,高等院校应广泛运用终端平台实现精准化就业指导与服务,借助云计算等先进信息技术,实现对学生职业发展和生涯规划的科学管理和精准服务。精准就业指导与服务的根本目标是让学生通过精准化就业指导与服务,科学合理地规划学业,树立职业生涯规划的理念,实现自我职业发展。这些目标的实现与云计算紧密相关,通过云计算的应用,能够实现高等院校精准就业指导与服务的精细化管理和个性化服务,为学生的学业规划和职业发展提供更好的支持和保障。

四、大数据

随着信息化浪潮的不断扩大和深化,大数据作为一种新型技术应时而生,并逐渐在各行各业中崭露头角。不难发现,从传统产业向信息产业的转型过程中,大量数据得以广泛积累,从而使得数据逐渐演变为信息化的标志性符号。早在 20 世纪 80 年代,在美国就有人提出了"大数据"的概念。但严格意义上来说,在 20 世纪 90 年代,"数据仓库之父"比尔·思门才正式提出了"大数据"这个名词,并预测随着互联网的发展与普及,在未来将生成海量的数据。但是大数据并不等同于海量数据,大数据旨在通过创新性的架构与先进的科技手段,高效地挖掘出日益丰富且多样化结构及类型的高频数据中所蕴含的巨大价值,其显著特点包括高容量性、多样性、高速处理以及极高的价值创造潜力等方面。

---

① 章瑞.云计算[M].重庆:重庆大学出版社,2020:3-10.

2012年联合国发布了《大数据促进发展：挑战与机遇》白皮书，指出"大数据时代已经到来，大数据的出现将会对社会各个领域产生深刻影响"。大数据技术为教育规律的探知与认识提供了前所未有的便利，并且将在全方位改变人们的工作方式、思维方式与生活方式[①]。

高校精准化就业指导与服务是在相对于大众化、粗放型、普遍的就业指导与服务工作的基础上进行的，体现出就业指导与服务工作向精细化、准确化的方向转变，大数据的海量数据作为精准化的就业指导与服务工作的技术基础，是高校精准化就业指导与服务的数据信息技术基础，一方面要利用大数据技术构建企业数据库。高校和院系要准确掌握单位性质、工作地点、学历要求、招聘条件等招聘信息，建立毕业生求职意愿信息数据库和用人单位岗位需求信息数据库，实现岗位与人才匹配均衡，促进学生精准化就业。另一方面利用大数据技术实现人职高度匹配，将毕业生求职意向信息数据库与用人单位岗位需求信息数据库进行比对，智能化匹配学历、专业、地域等关键信息，为毕业生与用人单位精准推送符合要求的供需信息。

五、人工智能

"人工智能"概念的首次提出可追溯到1956年美国达特茅斯学会，该会议标志着人工智能的正式诞生。人工智能本质上乃是运用虚拟数字运算器或受控数字计算机所构建的系统，模仿、拓展以及扩充人类智慧的各项功能，以获取对环境的理解、吸收和运用相关信息，进而通过科学严密的理论依据，先进有效的技术手段以及实际可操作的应用系统来实现优化与最佳实践。对于人工智能来说，其特性涵盖了诸如感知能力、记忆力与思维推理、学习进步及自我适应性、行为决策制定等方面的表现。人工智能具有明显的三类优点。首先，人工智能由人类设计，为人类服务，本质为计算，基础为数据。人工智能是以人为基础，设计之初的目的也是延伸与拓展人的能力，本质是通过对数据的采集、加工、分析和挖掘，形成有价值的数据模型，并且帮助人进行实际决策。其次，人工智能具备对外部环境的敏锐感知力，能够自主产生相应的反应和动作，甚至具备与人类互动沟通的能力，而且能够与人形成互补效应。依托各类操控模

① 陈媛.大数据与社会网络［M］.上海：上海财经大学出版社,2017:59-62.

式,如按钮、键盘、鼠标以及虚拟现实增强现实技术等手段,使得我们所拥有的机器设备越发具备深度理解人类行为习惯的能力,甚至实现与人类协同作业,实现优势互补的目标。在这种情况下,人工智能机器人可以承担那些复杂、重复性较高的任务压力,而人类则可以将更多的精力集中在富有创新思维与自由度较大的创新型业务领域当中。最后,人工智能有适应特性。人工智能能够实现通过适应环境发展,逐渐调节参数与更新模型的目标,还能够在各行各业得到丰富的应用。人工智能为高校精准化就业指导与服务体系建设提供重要技术支持。例如,通过仿真实验室模拟真实劳动场景,以提升大学生实践技能。此外,还可以根据高校毕业生的个人信息和就业意愿,通过算法推荐相关招聘职位,提高毕业生求职效率。通过就业市场的数据分析,为毕业生提供未来就业趋势和行业发展趋势的信息,帮助他们制订就业计划。通过聊天机器人等方式提供求职咨询服务,如回答毕业生关于职业规划、职业技能、薪资待遇等方面的问题,并根据毕业生反馈,提供个性化就业指导建议。

第四章 高校精准化就业指导与服务的平台建设

　　高校就业指导与服务需紧跟社会发展的需求,精准对接市场需求与人才供给,深化产学研结合。为实现精准供需匹配,依托新兴技术可实现以数字赋能高等学校就业服务。搭建信息平台并建立数据库,基于学校和专业精准卡位就业市场,向学生精准推送匹配度高的岗位最终实现精准对接。建立校企合作平台也是实现精准供需匹配的有效渠道,协调统筹建设数字化和实体两类平台对大学生就业同样具有推动作用。此外,建立"就业—招生—培养"反馈机制既能促使高校适应职业市场变化、提高人才培养质量,也是增进校企合作、提升社会认可度的重要手段。高校精准化就业指导与服务作为匹配人才和企业岗位的重要一环,本章主要从如何实现精准供需匹配的视角出发,阐明高校为实现人才与市场精准对接的实施路径,为建设高校精准化就业指导与服务体系提出可行建议。

第一节 建立健全高校精准化就业指导宏观机制

　　个体所读高校与专业是影响职业发展道路的重要因素。高校定位不同,其教育理念、课程设置和培养人才的定位也不尽相同。这间接导致高校毕业生的就业方向差异,因此高校就业指导与服务需结合院校定位实现精准对接市场岗位。具体来说,高校就业指导与服务需做好顶层设计,基于院校和专业的差异性,帮助学生清晰自身求职定位,明确就业需求和自我核心竞争力,为人才与岗位之间的匹配和市场岗位的精准卡位奠定基础。

一、把握顶层设计，完善学校和专业精准定位

（一）基于学校和专业差异，精准定位学生的就业需求

高校按照其办学特色、办学模式和发展方向等方面分类，主要包括研究型大学、应用型大学、工科大学、综合性大学等。研究型大学注重培养学生的创新能力和科研水平，在高等教育中扮演着重要的角色，并发挥着关键作用。工科大学的教育宗旨是为国家的社会发展和经济建设培养有实践能力和创新精神的专业人才。应用型大学在人才培养上更注重实践能力和职业素养，是为适应社会经济发展，培养面向基层、面向生产、面向服务和管理的应用型人才的高等学校。综合性大学则涵盖了多个学科领域，注重培养学生的全面发展，综合性大学通常是教学与科研并重，学科专业覆盖面广，人才培养能力强。因此，不同类型的高校在人才培养方面的定位也不尽相同，学生需要根据自己的优势和特点规划就业道路。对于研究型大学的学生来说，其就业市场的选择和定位更注重创新能力和科研水平，这类学生更倾向于在科学研究、教育、学术等领域找到自己的职业发展方向。工科大学更注重培养学生的实践能力和专业技能，因此，工科大学的学生在就业市场上更倾向于与技术相关的行业和领域。应用型大学则更注重培养学生的应用能力和职业素养，这类学生在就业市场上更倾向于与实用性相关的行业和领域。不同类型的高校学生在就业市场上的选择也会有所不同，因此需要根据自己的院校和专业背景来规划就业方向。

其次，高校品牌对学生就业规划的影响同样无法忽视。例如"211 工程"大学、"985 工程"大学以及"双一流"大学这些类别的高校品牌，通常被认为是一种声誉和认可的象征。这些高校在人才培养、科研实力以及社会影响力等多方面都具有极高的水平。不仅体现在学校的师资力量、教学设施以及课程设置等方面，同时还在学生毕业后的就业前景上表现得尤为突出。虽然学校的知名度并不一定与其就业难易程度成正比，但毕业于知名高校的学生更容易得到用人单位的青睐。从用人单位的角度出发，知名高校毕业生在专业知识、实践能力以及综合素质等方面都有着较高的水平，因此在就业市场中占据了一定的优势。此外，这些知名高校中的很多毕业生学科专业实力雄厚，学校人才培养质量高，用人单位的反馈好，毕业后拥有强大的校友资源，资源聚集效应也使他们

更容易获得高质量的工作机会,这对于学生未来的职业发展有着很大的帮助。相比之下,非知名高校毕业生在就业市场中处于劣势。对于这些学生而言,制订合理的职业生涯规划和选择适合自己的就业领域尤为重要。时刻关注行业趋势和市场需求,做出明智的职业选择以提升就业竞争力。通过了解和比较行业岗位的就业区域、人才需求量以及发展前景,选择人才需求量大且具有良好发展前景的岗位,精准对接市场需求才能获得更多的就业机会,为自己的职业发展打下坚实的基础。

（二）创建大学生"精准画像",精准匹配岗位需求

高校可合理利用信息平台和大数据算法等新兴技术,关联学生在校期间综合表现的大数据,通过整体性、差异性、动态性、关联性分析为毕业生创建全面、立体、动态的精准职业画像,这既可以帮助学生进行自我的客观、准确评估,确立合理的职业目标,也可以精准对接人才与市场需求,进行供需双向精准匹配(见图4-1)。

建立电子档案
精准学生职业画像

岗位职责
任职要求

对标招聘岗位
人才画像

图4-1 人才画像精准匹配岗位需求

个人信息档案平台的信息,一般包括学生的专业类别、专业水平、学业成绩、实习经历、项目经验、技能证书等基础信息,以及大学生在校期间的思想政治表现、学生工作、社团活动、社会实践、志愿服务等情况,同时也包括他们参加的职业技能培训、竞赛获奖情况、技能鉴定等相关记录,这些信息有助于高校准确分析每个学生的特长、潜力和优势,结合其求职偏好,如倾向性行业、岗位、地域、薪资等职业需求信息,高校不仅能实现精准职业规划和就业指导,还能通过联通了学生精准职业画像和用人单位数据库的智能化信息平台实现供需信息的双向精准匹配;一方面,根据学生的专业方向、职业目标及就业偏好向学生的

手机端、客户端推送相关就业信息和市场岗位信息,提高就业信息的触达率和匹配度;另一方面,向有人才需求的用人单位推送毕业生的精准职业画像、求职简历、个人介绍等,促成供需双方的持续了解和就业结果的达成。

构建毕业生的精准职业画像是一项基础性工作,为了精确构建毕业生职业画像大数据,学校须充分发挥各级组织机构和人员的工作职责,各单位之间应密切协作,以学校为主导,以学院各级组织为核心,形成工作合力,学校可依托各级组织机构,加强领导与协调,全面发挥团队的力量,以校级专职就业工作者、就业指导教师、二级单位党委副书记及辅导员为执行者,以高度的责任心和使命感共同推进毕业生职业画像的精确构建。此外,为了辅助学生通过个人信息档案、用人单位需求等大数据进行科学合理的职业目标选择,高校还需要为学生提供一套精准有效的职业咨询服务,在此过程中,职业指导师、生涯咨询师与学生深入沟通交流,在敏锐洞察就业形势、市场需求,全面解读个人信息数据,有效结合个人能力、兴趣、价值观的基础上,帮助其确立合理可行的职业目标,以此调节学生期望与供给岗位的差距,规避因自我评估不客观、不准确,单一职业偏好,盲目跟风带来的职业定位不准或"眼高手低"等问题,切实提高供需匹配的精准度。

二、注重联动效能,实现多方精准就业卡位

(一)建立毕业生就业信息数据库,精准匹配就业市场

为了进一步精确构建毕业生职业画像,高等院校可以建立专门的个人信息档案平台。该平台能够为高等院校和用人单位提供一个强大的数据支撑,以便于他们了解毕业生的详细信息。同样地,毕业生在求职就业过程中也需要充分了解用人单位的信息,以便于更精准地匹配就业市场需求。该平台也可以收集各行业的市场需求形成庞大的就业信息库,帮助毕业生了解用人单位的企业文化、招聘岗位、薪资待遇、岗位要求以及其他相关信息,助力毕业生精准对接市场需求。该数据库可以收集不同专业对口招聘数据,包括各类专业毕业生可以选择的岗位类别、岗位数量、薪资待遇、任职要求以及岗位供需比等。高等院校可以通过数字平台和数据库了解到不同行业、不同岗位的招聘情况,以便于毕业生更全面地了解就业市场需求,并针对性地制订职业规划和求职策略。除此

之外,高等院校还可以利用这个数据库对毕业生的就业情况进行跟踪和分析,以便于更全面地了解毕业生的就业情况和职业发展情况。充分利用大数据网络算法,为用人单位和毕业生搭建精准匹配的信息平台,最终实现"一生一策"的精准推送和一人一岗的精准匹配。这样,毕业生和用人单位都能够更全面地了解彼此的需求和情况,从而提高就业匹配的效率和质量。

其次,可结合就业信息数据库,加强分行业分区域就业市场建设。为全面落实党中央和国务院关于做好高校毕业生就业工作的决策部署,各高校需充分发挥各方主体作用,进一步强化分行业分区域就业市场建设,形成协同合力,努力为高校毕业生提供更多优质岗位和服务。按照教育部、人力资源社会保障部等八部门《关于做好 2023 年高校毕业生就业工作的通知》要求,各地要积极谋划,汇聚相关部门、行业协会、社会招聘机构等多方资源,着力建设一批区域性、行业性、联盟性高校毕业生就业市场,鼓励有条件的地方建设大学生就业创业园,进一步推动政策集成、资源整合和力量融合,为高校毕业生就业创业提供更好的政策环境和服务保障。其次,为了进一步发挥全国普通高校毕业生就业创业指导委员会和行业协会的作用,更好地促进高校毕业生就业,应该完善"分行业就业指导委员会+分行业协会"的促就业工作机制,并举办一系列校企对接交流活动,以加强高校与企业之间的联系和交流,进一步拓宽毕业生的就业渠道。此外,还应该加强分行业就业市场的建设力度,通过开设专门的就业市场、举办招聘会等多种方式,为高校毕业生提供更多的就业机会。例如,各高校可以行业为导向,聚焦国防科技、医药健康、跨境电商、能源动力、信息技术、新一代信息技术、土木建筑、新能源等国家重点支持产业,组织开展行业性双选会,整合行业企业资源与高校的不同专业对接,推动扩大到相关行业就业的集聚效应和规模效应。另外,为加强区域间的精准协同工作,深入挖掘各地区、各省市的发展需求,各高校也可结合院校地理位置以及生源信息,组织京津冀、长三角、雄安新区、成渝、东北等地区的大规模招聘活动,以实现对区域内人才的精准匹配。

(二)精准就业指导,促进人才与岗位匹配

高校的精准就业指导以大学生为对象,因此学生的基本认知和工作选择的方向,是建立校园就业指导体系的重要参考。大学的就业指导应该与社会发展相适应,首要任务是引导毕业生清晰认识到就业市场中各行业的发展趋势,进

而帮助其明确自我职业发展的定位,引导毕业生选择更适合自身实际情况的行业岗位以及就业地域。高校可组建各专业领域的导师团队,由行业内资深人士担任导师,为学生提供职业导向、行业趋势分析以及就业建议,有利于学生快速了解到行业目前的就业现状。

其次,就业指导与服务需要帮助学生了解国家的就业相关政策,充分发挥政策性岗位的吸纳作用以帮助学生就业。具体来说,可以从以下几个方面入手:首先,要向学生宣传国家政策岗位的信息,比如公务员、事业单位和国有企业等。这些岗位是社会的重要组成部分,也是国家稳定发展的重要支柱。通过宣传,学生可以更清楚地了解这些岗位的招考要求、福利待遇、职业发展等信息,从而更有针对性地进行准备和报考。其次,各高校应充分发挥自身优势,深化与军队的良好协作关系,持续提升我国征兵工作的规范化和专业化水平。需以此为契机,加大对征兵宣传在校园内的普及力度,构筑引人注目的入伍通道,以便更好地与兵役机构开展紧密合作,实现高素质兵员的预征预储以及高校毕业生的优先征集。同时,学校还需要进一步深化精准择优的方针政策,以吸引更多具有卓越品质的优秀毕业生到各类军事岗位任职服务。征兵工作是国家军事建设的重要组成部分,是推动国防现代化、提升军队战斗力的重要途径。各地教育部门要制定详细的实施方案和办法,按照有关规定落实好退役后复学、升学、学费资助等优惠政策,积极鼓励高校毕业生应征入伍。这不仅可以为国家的国防建设注入新的血液,也可以为学生的未来发展提供更广阔的空间。最后,要深入挖掘基层的就业空间。基层是国家发展的基石,也是吸纳就业的重要场所。各地教育部门要积极配合有关部门组织实施好"特岗计划""三支一扶""西部计划"等基层就业项目,拓展实施"城乡社区专项计划""大学生乡村医生专项计划"。通过这些项目,学生可以深入了解基层的实际情况,锻炼自己的实践能力和领导能力,为未来的职业发展打下坚实的基础。同时,也可以为基层的经济社会发展贡献自己的力量。此外,支持各地围绕落实推进乡村振兴战略,深入挖掘基层医疗卫生、养老服务、社会工作、司法辅助等就业机会,扩大实施地方基层项目。这些项目不仅可以为学生提供更广阔的发展空间,也可以为基层的经济社会发展提供支持和保障。

此外,各大高校也需要关注毕业生的职业规划和就业情况,并为他们提供全方位的就业辅导和服务。比如,提供个性化的职业规划服务,通过"一对一"

辅导、职业评估等方式,充分了解每个学生的能力、兴趣和职业价值观,进而为他们制订符合个性化需求的职业规划。同时,还可以通过组织一些讲座和培训活动来提高学生的综合素质和职业技能,包括管理能力、沟通技巧、团队合作精神等方面的培训,从而提高他们的就业竞争力。最后,鼓励大学生积极参与各类社会实践活动,通过参与不同类型的活动,不仅可以丰富学生的阅历,也可以在实际行动中提高其综合素质和职业技能,增加适应多元化职场环境的能力,为未来的职业发展打下坚实的基础。另外,高校还可以开展一系列求职技能培训,包括简历撰写、面试技巧、职业规划等方面的指导,帮助学生更好地应对求职过程中的各种挑战,增强求职的自信心和成功率。

第二节　搭建校企合作平台,促进校企融合

高校加大力度搭建校企合作平台、拓展就业渠道。首先,继续推动用人单位"走进来"到学校举办招聘会,加强用人单位数据库的建设,深入挖掘各方资源,精准定位开拓渠道,同时积极"走出去"访企拓岗,建立高质量的大学生就业实习基地,搭建顺畅的就业信息平台,为学生提供丰富的就业招聘信息和实习资源,促进市场化就业(见图4-2)。

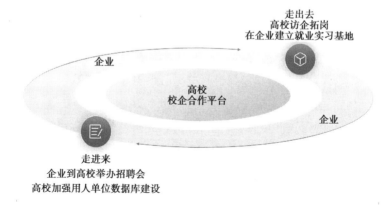

图 4-2　搭建校企合作平台

一、加强用人单位数据库建设

加强用人单位数据库的建设,有助于构建更加紧密的校企合作关系,推动高等教育与社会经济的良性互动,为培养更符合社会需求的人才作出积极贡献。首先,通过用人单位数据库,高校能够更好地理解企业对人才的具体需求。这使得高校可以向学生提供更加精准的职业建议和岗位推荐,提高毕业生就业的匹配度和成功率。其次,能够提升高校毕业生的就业竞争力。所建立的用人单位数据库为高校提供了丰富的就业相关数据以及对市场需求动态进行深度分析的基础条件。从而帮助高校精确定位市场需求变化,适时地对现有专业设置及课程架构进行必要的调整优化,使得培养出的学生更加符合用人单位的人才需求标准,从而大幅提升高校毕业生在职业生涯中面对激烈竞争环境的抵御能力与工作表现效果。此外,用人单位数据库的建设促进了高校与企业之间的深度合作。这有助于实现产学研深度融合,促进科研成果向产业转化,为学生提供更多实践机会,培养更符合市场需求的专业人才。

开发或引入先进的信息系统,建立用人单位数据库。确保该系统能够方便快捷地更新企业信息,并提供有效的搜索和匹配功能,以满足学生的不同需求。建立完善的数据质量管理机制,确保用人单位的信息准确、全面、及时。定期对数据库进行审核和更新,及时删除失效或过时的企业信息,保持数据库的活跃性。推广与宣传的力量也不容小觑。高校部门可以通过各类媒体渠道和校园宣传手段,宣传用人单位数据库的重要性,并吸引更多企业加入。提升数据库的知名度,提高用人单位的积极参与度。总体而言,高校可以通过积极主动的合作态度、先进的信息系统和多方位的服务,推动用人单位数据库的建设,为学生提供更加有效的就业指导与服务。这有助于搭建一个有效的校企合作桥梁,促使毕业生更好地融入职场。

为促进校企融合,建立用人单位数据库尤为重要,但搭建数字化校企合作平台也是一种强有力的途径。例如,由教育部指导搭建的国家大学生就业服务平台,专门服务于大学生就业,旨在为毕业生和用人单位提供24小时365天的"互联网+就业"服务。该平台为毕业生提供大量岗位信息,并通过整合所有就业需求信息进行"一体化"协同服务,为毕业生和用人单位提供更加高效便捷的供需对接服务,促进毕业生顺利就业。在充分满足本省本校招聘需求的前提下,各省市和高等院校的就业网络亟待与此平台进行深度合作,相互分享更为丰富多样的职位信息资源。各级各类学校需要引起高度重视,组织就业事务专员以及毕业年级辅导员,督促并协助正在寻找职业发展机会的应届生立即完成注册并熟练运用该平台。这将有助于确保就业政策、相关新闻动态及岗位信息的精准有效传送。同时鼓励地方和高校依托平台联合举办专场招聘活动,促进更多学生的就业实现。

二、建立高质量的大学生就业实习基地

除了搭建数字化的校企合作平台,校企合作组织的大学生就业实习基地作为实体化平台对学生就业同样影响深远。一般来说,在校生实习有两种模式,即教学实习和就业实习。就业实习是在真实的工作环境,进入公司或者企业进行实践性工作,以提升自己的专业技能和就业能力的方式。而教学实习是为了对所需课程有所帮助,主要是根据学生所学的专业和课程进行设计,以帮助学生更好地掌握理论知识。相比之下,在真实职场中的就业实习实践更能激发学生求职意愿、明确求职意向,帮助学生增强就业能力、获取就业机会。因此,各地各高校要统筹协调就业实习与教学实习,组织引导大学生利用寒暑假时间积极参与就业实习实践。地方政府、用人单位与高校可深化产学研合作,协同打造一批大学生就业实习基地。建立大学生就业见习基地是提升毕业生实践能力,解决就业问题的必经之路。如何建立高质量的就业实习环境,是校企合作建立大学生就业实习基地的一大难点。

(一)引导多元主体的正确认知,优化就业实习服务质量

引导大学生、企业和学校等各方主体形成正确认知,对于优化就业实习基地的服务质量至关重要。首先,正确认知有助于各方主体更清晰地了解合作的目的、流程和期望。学生能够更主动地参与实习活动,企业也更容易理解学校的期望,进而形成良好的合作关系,提高就业指导与服务的效果。其次,正确认知有助于避免因误解或信息不对称而导致的沟通障碍。学生和企业了解各自的责任和权利,可以更高效地配合,减少不必要的时间浪费,提高实习活动的效率。当学生对就业实习基地有正确认知时,他们更有可能主动参与实习活动,更好地利用实习机会提升自己的职业素养,并对他们的职业发展产生积极影

响。企业对就业实习基地有正确认知，将更加愿意积极参与其中。了解实习的意义和预期效果，使企业更有动力提供高质量的实习机会，从而提高整体服务的水平。学校作为组织者和管理者，对实习活动的监管起到关键作用。当各方对就业实习基地有正确认知，学校才能够更加有效地进行管理和监督，确保实习过程的顺利进行。正确认知是提高服务质量的基础。当各方主体明白实习基地的目标、任务和期望时，才能够更加精准地提供和接受反馈，从而有助于不断优化服务流程，提高服务的质量水平。此外，正确认知有助于形成良性的合作循环。学生在实习基地获得正面经验后，将更有动力推荐其他同学参与；而企业也更愿意与学校建立更深度的长期合作，形成稳定、可持续的合作关系。总体而言，引导各方主体形成正确认知是建立高质量的就业实习基地的前提。通过明确各方的期望、责任和角色，可以更好地推动实习活动的开展，提高服务质量，最终使就业实习基地更好地服务于大学生的职业发展。

　　具体来说，为了优化就业实习基地的服务，引导各方主体的正确认知，可采取以下措施。首先，组织面向大学生、企业导师以及相关学校工作人员的培训和沟通会议，以介绍就业实习基地的相关政策、服务流程和双方责任。这有助于明确各方主体的角色，提升对就业实习基地的认知。其次，搭建在线平台，为大学生和企业提供实时的信息和沟通渠道。通过该平台，可以发布实习机会、提供相关政策解读，促进信息的及时传递，增强各方对就业实习基地的认知。确保与就业实习基地之间签订明确的合作协议，明确各自的责任和权利，有助于规范双方的行为，防范潜在的合作风险，提升合作的稳定性和可持续性。此外，设计并推行一个有效的双向反馈机制，鼓励大学生和企业对就业实习基地的服务提出建议和意见。通过及时收集和处理反馈，不断优化服务，提高服务质量。与此同时，高校可以发起与企业的深度合作项目并开发优质实习岗位，例如共建实验室、联合科研等，进一步密切学校和企业的联系，不仅能提高企业对基地的认知，也能促使更多企业参与实习基地的建设和服务，并实现实习实训对学生专业技能和职场认知的提升。通过以上措施，能够全面提升大学生、企业和学校对就业实习基地的认知水平，并通过持续的沟通和优化措施，不断提高服务质量，使就业实习基地更好地发挥其在大学生职业发展中的重要作用。

（二）严格甄选实习导师队伍，加强业务培训指导能力

就业实习基地导师在大学生职业发展过程中扮演着重要的角色。他们不仅是学生实习期间的引导者，更是职业生涯规划和技能培养的关键支持者。导师的重要性体现在专业知识传授、职业规划引导、实际工作经验分享、人际关系建立以及职业素养培养几个方面。首先，导师通常拥有丰富的行业经验和专业知识，能够向学生传授实际工作中所需的专业技能。这种实践性的知识传授对学生未来的职业发展至关重要。其次，导师不仅能够关注学生当前的实习工作，还能够帮助学生规划长远的职业发展。通过深入了解学生的兴趣、优势和目标，导师能够提供个性化的职业规划建议，帮助学生更好地走向职业巅峰。再次，导师通过分享自己在实际工作中的经验，能够使学生更好地理解职场的挑战和机遇。这种经验的传递有助于学生更迅速地适应职业环境，提高工作效率。此外，导师通常在所在行业有着广泛的人脉资源。通过与导师的互动，学生有机会拓展自己的人际关系网络，为将来的就业提供更多机会。与此同时，导师在日常指导中能够培养学生的职业素养，包括沟通能力、团队协作、解决问题的能力等。这些素养对于学生的职业成功同样至关重要。

实习基地的指导老师直接面对实习生进行辅导，其作用至关重要，需要严格甄选以取得实习指导的成效。首先，导师应具备丰富的行业经验和相关专业背景。通过仔细审核导师的履历，确保其具备对学生实际就业需求的深刻理解。其次，导师的教育背景和专业资质同样重要。确保导师具备相应的教育水平和教学经验，以保证其对学生进行有效的指导。导师应具备良好的沟通和指导能力。通过面试等方式，评估导师是否能够有效地与学生沟通，并具备针对性的指导方法。导师对学生的关注度也直接关系到实习指导的质量。选择那些愿意花时间了解学生需求、提供个性化指导的导师，能够更好地促进学生的职业发展。企业实习通常是一个团队合作的过程，导师还需要具备良好的团队合作精神。这有助于学生更好地融入团队，提高实习效果。导师过往的指导成果也是一个衡量其能力的关键指标。了解导师曾经指导过的学生在职场上的表现，能够为选择提供有力的参考。此外，建立定期评估机制，对导师的指导效果进行定期评估。通过学生、企业和学校的反馈，及时发现问题并采取改进措施。通过以上甄选步骤，能够确保实习导师的素质和能力，为学生提供更加优质的实习指导，促进其职业发展和成长。这样的甄选过程对于实现实习基地的

教学目标和学生的职业成功都具有重要意义。

（三）巧用跟踪管理和激励约束机制，改善基地管理举措

大学生就业实训基地的有效管理对于学生的职业发展至关重要。通过跟踪管理和激励约束机制，可以提升实习基地的管理效能，确保实习活动顺利进行。

实习基地设置跟踪管理的举措有利于监督并管理实习过程，同时提升基地的培训成效。首先，需要设立明确的目标和指标。在实习基地管理中设立明确的目标和指标，包括学生的职业发展、实习企业的满意度等。通过明确的目标，可以更有针对性地进行过程跟踪和评估。其次，建立实时监控系统。利用信息技术，建立实时监控系统，跟踪实习活动的进展情况。这有助于及时发现问题、解决困难，确保实习过程的顺利进行。同时，设立定期的评估机制，向学生和企业征求意见和建议。通过定期的反馈，管理人员可以了解实习过程中的问题，及时进行调整和优化。此外，建立完善的学生档案系统，记录学生在实习过程中的表现、成绩、反馈等信息。这有助于全面评估学生的实习效果，为学生提供更有针对性的指导。

实习基地设立激励奖励制度的举措也有助于提升基地的培训成效。建立激励奖励机制，对表现优异的实习基地、导师和学生进行奖励，可以提高各方主体的积极性，促使他们更好地履行职责和参与实习活动。明确实习基地和导师的责任，并建立责任追究机制。对于未能履行职责的实习基地，采取相应的惩罚措施，确保管理的有效性和严肃性。设立导师激励计划，根据导师的指导效果、学生评价等进行奖励。这可以提高导师的责任心和积极性，确保他们更专业地履行对实习过程中表现出色的学生进行绩效奖励，例如提供奖学有助于激发学生的学习热情和实习积极性。与实习基地并为合作企业提供一定的特权，例如提前选择优秀学生、优先度合作等。这样的激励机制有助于促使企业更积极参与实习基地的管理。鼓励学生对导师的指导进行评价，并将评价结果作为激励的依据。这不仅能够激发导师提供更好服务的动力，也为学生提供了表达意见的平台。通过过程跟踪管理和激励约束机制的有机结合，实习基地的管理措施将更加科学、规范和高效，有助于提升实习活动的质量，确保学生能够在实习中获得更丰富的经验和更好的职业发展机会。

三、持续开展访企拓岗

国家及地方政府以发展规划和政策法规的形式,为推进高校毕业生就业工作的发展提供了重要的指导和支持。为了深入落实高校毕业生就业工作"一把手"工程,国家开展了一系列的访企拓岗促就业专项行动,这种策略不仅能够在当下,通过挖掘新的就业岗位以及创新性的就业机遇来满足广大应届毕业生的就业需求,更能够从长期角度出发,致力于构建出一套符合市场经济发展规律并具有互动性和合作性的高校应届毕业生就业工作体制,全力以赴实现就业工作重要目标之一——帮助高等教育院校应届毕业生在更高起点上实现充分就业且能达到较高的就业质量水平。充分发挥高等院校的书记、校(院)长及其他主要领导成员引领和推动毕业生就业工作的重要示范作用。这将有助于激励全体教师全方位深度投入到引导大学生就业的事业中,同时也将有力地推动校企之间进行更紧密的合作,更好地实现供应与需求的有效对接。

为了进一步拓宽毕业生的就业渠道,高校要主动作为,积极对接市场需求,结合自身优势与特色,全面挖掘、培养人才的潜力,积极整合各方资源,调动全校师生及社会各界力量,全力为毕业生提供更多、更好的就业机会。首先,高校书记、校(院)长和校领导班子成员应发挥带头作用,积极发挥院校的资源优势,有针对性地拓展就业市场。主动联系各类企业和单位,主动走进企业、走进行业,进行深度考察和交流,以便了解各类企业和用人单位的需求和用人标准。以此为依据,进一步完善和提升学校的教育教学和人才培养模式,因地制宜、灵活机动地与相关单位建立就业合作渠道,为毕业生的就业提供全方位、多元化的支持与保障。其次,二级院系要结合院系所设的学科专业特点,精准有效地访企拓岗,充分发挥专业特色和人才优势,足质足量地开拓就业岗位,进一步加大校企合作力度,提高毕业生就业去向落实率。结合毕业生就业需求,提升访企拓岗的实效性,加强与企业的联系与合作,提高毕业生就业质量。

为促进校企合作,高校不仅要"走出去"访企拓岗,也要将企业"引进来",为学生开源拓岗。全国各地各高校应着重加强对校园招聘工作的组织和管理,充分发挥校园招聘主渠道作用,主动积极地邀请用人单位进校开展招聘活动,以期提高每场校园招聘活动的实际效果。在邀请用人单位时,要根据毕业生的求职就业意愿,合理地安排招聘活动,并大力拓展岗位资源,为毕业生提供更加丰富的就业岗位信息,努力帮助毕业生找到最适合自己的工作。除此之外,还应鼓励各院系积极开展小而精、专而优的小型专场招聘活动,为毕业生提供更精准的招聘服务,同时也能更好地展现各院系的专业特色。最后,要加强校园招聘活动的组织管理,认真审核校园招聘信息,确保校园招聘活动安全、规范、有序地开展,为毕业生和用人单位提供更加优质的招聘服务。

第三节　建立"就业—招生—培养"反馈机制

"就业—招生—培养"反馈机制不仅是一种联动机制,而且是坚持系统思维的大就业观。人才培养是就业的核心关键因素,高质量的人才培养奠定了毕业生的核心竞争力,在学业的基础上,锻炼学生人际交往、团队合作等职场能力,达成全面发展,有助于学生在求职过程中充分展现自己的优势,实现充分高质量就业。深入分析研究学校各专业毕业生就业率、就业去向、就业满意度、创业数量和类型等状况,客观反映毕业生就业创业状况和特点,按时将报告向社会公开发布,接受社会的监督与反馈。在招生环节,坚持以社会发展和市场需求为导向,动态设置和调整招生专业,制定与就业状况联动的招生调整机制,依据社会用人需求,持续优化招生专业。

一、开展毕业生就业质量跟踪调查

关于就业质量,1999 年,国际劳工组织时任局长索马维亚在第 87 届国际劳工大会上提出"体面劳动"的概念[1],经济合作与发展组织构建了测量和评估工作质量的框架,包括三个客观且可测量的维度,分别为收入质量、劳动市场保障和工作环境质量[2]。国内学者对就业质量的研究起步较晚,对就业质量的内涵也没有达成一致意见。有学者认为很难给就业质量一个概括性的定义,一些对

① International Labour Office Geneva.Report of the Direct General:Decent Work [EB/OL].International Labor Organization.International Labor Conference.(1999-06-28)[2022-09-01].https://www.ilo.org.

② OECD.How Good is Your Job? Measuring and Assessing Job Quality[EB/OL].OECD.Statistics.(2014-09-03)[2022-03-01].https://www.oecd.org.

就业质量概念的界定大多通过就业质量涵盖的具体指标来反映①。有学者认为体现就业质量的多维度指标既包括收入因素,也包括非收入因素,既包括就业特征等客观因素,也包括劳动者对就业状况的主观评价②。大学生就业质量通常是指大学生在就业过程中所取得的职业发展状况和工作成绩,主要包括对毕业生就业去向落实率、薪资水平、职业发展潜力、职业稳定性和综合素质等因素的考量。总体来说,大学生就业质量是一个多维度的概念,各高校要注重提升学生的综合素质、加强实践教育,以更好地提升就业质量。

大学生就业质量追踪调查是大学生就业工作中的一项重要内容,它是衡量人才培养质量的一种重要方法。加强对大学生就业质量的追踪和研究,既是扩大大学生就业渠道,又是增强用人单位满意度的一种有效手段,同时也是对我国高等教育改革和发展中的人才培养模式进行反馈的一种方式。利用好大学生的就业质量追踪研究成果,对改进学校的人才培养模式,促进学校人才培养体制的创新,优化专业设置,培养高质量的人才都具有十分重要的推动作用。

对大学生的就业质量进行追踪调查,就是通过不断地收集、保存、整理、分析、挖掘、推理和预测,将大学生的就业质量状况以可视的方式展现出来,从而为政府、社会、高校和个人在就业质量方面的价值评判和科学决策提供参考。就业质量跟踪调查要坚持用数据说话,强调常态性、持续性、精准性、完整性和直观性,通过准确发现就业质量存在的问题并分析其原因,对可能的风险进行预警与提示,及时调整相关的就业政策和措施,最终实现发现异常、预测趋势、促进提升的调查目的③。

因此,各地区和各高校要高度重视毕业生就业工作,认真贯彻落实国家和教育部关于做好毕业生就业工作的各项要求,充分认识就业数据对就业形势研判和政策制定的重要性,严格落实毕业生就业去向登记制度。要准确把握就业监测指标的内涵,确保各项数据真实准确,不得虚报、瞒报、漏报。要严格审核毕业生就业信息和就业材料,确保真实可靠,不得弄虚作假、欺上瞒下。要完善

① 郭琦.劳动者福祉视角下的大学毕业生就业质量研究[D].大连:东北财经大学,2016:6.
② 林晶.数字基础设施、互联网使用对就业质量的影响[D].北京:中国社会科学院大学,2021:9.
③ 王向东.高校毕业生就业质量调查及其对高校教育教学的启示——基于浙江省4届毕业生的实证调查[J].大学教育科学,2016(4):100-105.

毕业生就业状况布点监测机制,定期开展就业形势分析研判,为国家和地方政府制定就业政策提供科学依据。要加强就业监测工作业务培训,提升就业监测工作人员的素质和能力,提高就业监测工作质量、时效和规范化水平。要严格落实就业监测工作"四不准""三不得"要求,即不准以任何方式强迫毕业生签订就业协议和劳动合同,不准将毕业证书发放与毕业生签约挂钩,不准以户档托管为由劝说毕业生签订虚假就业协议,不准将毕业生顶岗实习、见习证明材料作为就业证明材料。不得将毕业生就业去向落实率作为高校办学成效的唯一评价指标,不得开展毕业生就业去向落实率排名,不得以毕业生就业去向落实率高低对高校进行奖惩。要分级开展就业工作核查,严格执行就业监测工作违规处理办法,对违反相关规定的高校和相关人员,依规依纪严肃追责问责。

此外,为了加强大学生就业工作,提高就业服务水平,培养创新创业人才,我们需要进一步完善高校毕业生就业工作综合评价指标体系,实现制度化、规范化。在制定和完善评价指标体系时,要借鉴国内外高校就业工作的先进经验和做法,综合考虑高校毕业生就业去向落实率、就业质量、就业指导与服务和就业教育等方面的因素,形成具有针对性和可操作性的评价指标体系。具体工作包括坚持就业导向,建立和完善以就业和创业为导向的人才培养体系,注重就业质量和就业竞争力的评价,重视就业指导与服务和就业教育的评价,通过进一步完善评价指标体系,引导高校深化教育教学改革,提高人才培养质量和就业竞争力,为学生的职业发展和社会发展做出更大的贡献。

二、建立"就业—招生—培养"联动反馈机制

2023 年 6 月,教育厅会同人力资源社会保障厅印发《关于深化高等学校"就业—招生—培养"联动机制改革的指导意见》,强调了建立专业预警与动态调整机制,实行总量控制和"省控"机制,强化专业教学质量监测评估管理,支持引导高校立足办学定位、办学基础等设置服务国家战略、区域经济社会发展需要的专业,升级改造已有专业,合理设置交叉融合的战略性新兴专业,指导高校完善人才培养方案修订。意见指出,要在三年内,构建起一套"就业—招生—培养"的高效运行机制,使大学的专业结构更好地满足经济和社会发展的需要,在总体上缓解大学生的结构性就业问题,大大提高大学人才培养为经济和社会发展服务的能力(见图 4-3)。

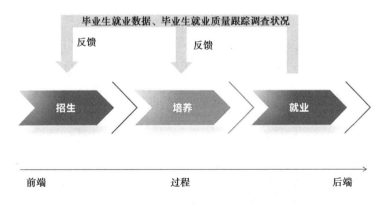

图 4-3 "就业—招生—培养"反馈机制

大学的人才培养应该与市场需要相结合,使毕业生信息、毕业生追踪服务信息和招生培养信息相互联系,通过就业大数据对招生、人才培养和优质就业的各个阶段进行多维、准确的反馈,从而建立起一个长期的就业联动和预警机制。用人单位可以将过去几年招收的毕业生发展状况反馈给大学,这有利于学校对学科专业的结构进行优化,推动专业的升级和数字化,及时地对不符合市场需要的专业进行精简和撤销,对专业的设置和招生数量进行调整,加速培养关键领域的紧缺人才,保证该专业的可持续发展,建立起一个招生、人才培养和就业一体化的精准就业指导工作模式。

抓深抓实毕业生就业及发展状况跟踪调查和评价工作,以就业评价衡量人才培养结构和质量,为联动机制运转树立强大的驱动支撑。加快完善就业跟踪调查序列,分别针对应届毕业生、毕业 5 年、毕业 10 年毕业生的就业及发展状况跟踪调查,深入掌握毕业生的初始就业状况和成长发展状况。着力优化跟踪调查模式,完善问卷调查,强化访谈调查,突出研究型调查,数据统计、状态描述与成因探究相结合,提高调查的广度、深度、效度。切实加强跟踪调查力量,建立专门机构,配备专职人员,与第三方机构协作,常态化、持续化地开展跟踪调查工作。深入开展跟踪调查分析评价,对跟踪调查所得统计数据和访谈意见,区分学科专业,聚焦人才培养,开展专业性、系统性、持续性分析研究,加强纵横比较,向内挖掘成因,明确评价等级,编著高质量的就业调查评价报告,为人才培养改革摆明依据、增强动力、提供思路。依托毕业生就业质量跟踪调查报告,各高校可改进完善招生专业及计划调控办法,动态调整设置年度招生专业结构和招生计划,促进人才培养与社会需求相适应。加强反馈,以就业状况调查推动学校招生和人才培养改革,并且对存在的问题和不足向培养单位提出预警。

　　建立"就业—招生—培养"反馈机制对于高校和学生都具有重要的意义。这种机制有助于高校更精准地进行招生规划。通过对毕业生就业状况的调查和分析,高校可以了解各专业毕业生在就业市场上的竞争情况,了解市场对不同专业的需求变化。这样的信息能够为高校提供招生的科学依据,调整专业设置和招生计划,确保与市场需求更好地对接。其次,这一反馈机制有助于提升人才培养的质量。通过与用人单位的密切联系,高校可以更清晰地了解行业对毕业生的具体要求,包括专业知识、技能和素养。这有助于高校在教学过程中更有针对性地设置课程,加强实践环节,提高学生的实际应用能力,使他们更好地适应职业岗位的需求。此外,反馈机制还能够为学生提供更明晰的职业规划和指导。了解毕业生在职场上的表现和发展情况,高校能够为学生提供更贴近实际需求的就业指导。通过提供行业动态、职业发展趋势等信息,帮助学生更好地规划个人职业发展路径,提前了解职业市场的变化。另外,建立这样的反馈机制也有助于高校与企业建立更紧密的合作关系。通过分享毕业生的情况,高校和企业可以形成良好的互动,企业可以更了解高校培养的学生特点,更愿意与高校合作,提供实习、就业机会,甚至参与人才培养计划的制订。最后,这一反馈机制有助于提高高校的社会声誉。通过向社会公布毕业生就业去向落实率、就业岗位质量等信息,高校能够展示其培养质量和与行业的良好合作关系,吸引更多优秀的学生和企业与之合作。

　　中国高校在逐步转变发展理念、深化改革创新的过程中,越来越注重构建"就业—招生—培养"联动反馈机制,以更好地服务学生、适应社会需求。目前许多高校高度重视"就业—招生—培养"联动反馈机制的建设,优化资源配置、调整学科结构以致力于更好地面对社会需求变化和学科发展趋势的挑战。例如,四川农业大学在 2021 年春季学期开学后,发出了一则重大公告:暂停 13 个专业,涉及 13 个院系。其范围之广,调整之大,前所未见。吴德校长认为,之所以要进行自我革命,是因为虽然很困难,但箭在弦上,不得不发。"多而不精,大而不强"是一个长期困扰着高校高质量内涵发展的深层问题。要提高高校毕业生的就业质量和全面就业,根本途径是提高高校人才培养质量,优化专业布局和结构,使之更好地适应社会的就业需求。从 2019 年至今,四川农业大学已将91 个专业调整到 76 个,停招包装工程等毕业生就业去向落实率偏低的专业,新增智慧农业、数据科学与大数据技术等社会需求及缺口较大的专业。2022 年，北京航空航天大学撤销 13 个专业，成为当年撤销专业数量榜上第二多的大学。撤销专业包括思政教育、汉语言、心理学、金属材料、高分科学与工程、信息工程、武器发射工程、生物工程、环境设计、产品设计、服装与服饰设计、分子科学、轨道交通信号与控制。这些专业在北京航空航天大学的毕业生就业去向落实率较低，学生转专业的比例较高。这样的调整有助于培养更加全面、复合型的专业人才，满足社会对高素质人才的需求。高校通过建立联动反馈机制，不仅可以关注学生的入学需求，还可以更加紧密地与社会、行业需求对接，提高了人才培养的适应性和就业的精准性。这些案例展示了不同高校在"就业—招生—培养"方面的创新实践，通过建立联动反馈机制，更好地满足学生和社会的需求，促进高校与行业的深度融合。高校的招生结构灵活、贴近市场需求，也进一步促进了学生适应未来就业市场。

第五章　建设精准《大学生职业发展与就业指导》课程

《大学生职业发展与就业指导》课程的开设是构建高校精准化就业指导与服务体系的重要内容和组成部分,此门课程更是高校实施就业育人的主阵地。许多高校将生涯发展与就业指导课程误解为:为学生在就业过程中提供必要的帮助和理论指导而开设的一门课程。这一解读认为"课程即知识",局限于传统的理论授课模式,是对生涯发展与就业指导课程内涵的窄化。信息时代对课程改革提出了一系列新要求,在"大课程观"的视野下,高校生涯发展与就业指导课程以职业生涯的大观念为主要内容,以就业实践为主要过程,以发展学生对未来职业、就业选择的理解与认识、提升自身核心素养为目标,指向人的终身发展。

第一节　高校生涯发展与就业指导课程的现实挑战

对于学生而言,高校生涯发展与就业指导课程是帮助他们规划职业框架、探索个人生涯的有力工具;对于高校而言,生涯发展与就业指导课程是防止人才浪费、流失,完成高比例、高质量就业的重要抓手;对于社会和企业而言,生涯发展与就业指导课程是培养有规划、有能力、有思想的优秀专业人才,促进大学生顺利完成从学生到社会身份转化的必要途径。因此,高校生涯发展与就业指导课程的改革与推进势在必行。当前高校生涯发展与就业指导课程主要存在四个问题:一是教学理念相对滞后,以传统的静态匹配理论为课程依据,忽视了职业生涯的不确定性和个体的发展性;二是教学方式过于单一,仍以传统的讲授课堂为主,难以调动学生的积极性、发挥其创造力;三是课程设置上以大众化课程为主,忽略了个体差异性,不够有针对性;四是内容陈旧,形式化严重,与社会需要脱节,缺乏对价值观念的引导。

一、以静态匹配论为基础,忽视生涯变化与个体发展

当前我国绝大多数高校生涯发展与就业指导课程还停留在以帕森斯的特质因素论、霍兰德的生涯人格理论为理论指导。这些观点属于传统匹配理论流派,他们将个人的特质与社会岗位的需求进行一一匹配,鼓励个体选择与自身性格特点、能力优势对应的工作,通过"人尽其才"降低人才浪费。这种匹配法看似高效、快捷,但囿于静态瞬时分析,忽视了人在成长过程中的发展性和与环境的互动中的变化性,此外,它还排斥了生涯未决的状态。这种静态匹配理论忽视了学生作为有生命的个体处于不断的变化与发展之中,职业选择从来不是一瞬间的决定,而是在不断的"选择、尝试、再选择"的循环之中不断发现自己的过程。另外,这种指导理论排除了学生职业未决定或再就业的可能性,看似理性的分析,实则以结果为导向,一味突出个人特质的适配性,忽视人的发展。更重要的是,随着时代的发展和变化,许多传统职业类型已经被淘汰,衍生出许多无法准确进行分类的新职业、新工作,即便使用了某种模型或理论获得了客观分析后的"适配"工作,个体也难以面对复杂的外部环境。"人""职"的匹配已经逐渐概念化,变得难以实现,生涯发展与就业指导课程需要更新、更有效的理论作为支撑。

二、以传统知识灌输为主,忽视主体主动性与创造性

传统教学模式表现为以老师为中心、书本为中心和课堂为中心,一直以来受到教育界的诟病。目前高校生涯发展与就业指导课程仍为传统教学模式——教师授课、学生听课。一些老师为了减轻自身负担,一味追求就业指导的理论传授,对着课件照本宣科,缺乏与学生的互动与交流,使得生涯发展与就业指导课程教学变得枯燥无聊,难以激发学生的学习兴趣,整个课堂死气沉沉,教学质量低下。传统教学模式重讲授轻练习,强调知识理论的传授,忽略了个体能力培养与思维锻炼。大学生生涯发展与就业指导课程不是单纯的理论讲解,也不是单向的输出和接受,而是教师为学生提供了解自身职业生涯的视角,

搭建可参观、实践的平台,鼓励学生大胆体验、思考、判断,充分发挥主动性和创造性,经由行动选择适合自己的路。

三、以大众化课程设置为主,忽视个体差异和个性需求

除了个人意愿与能力,职业选择还会受到家庭条件和社会期待等客观因素的影响,如家庭经济条件差的学生更倾向于选择高薪职业,父母职业都是公务员,学生选择体制内工作可能性更大。总之,原生家庭和后天环境的影响导致了个体职业选择的差异。而目前生涯发展与就业指导课程主要分为必修课和选修课两类,必修课以班级或专业为单位,选修课则更倾向于跨学院课程,都是规模较大的课程。因此,教学内容和目标偏向大众化,针对性较低。大众性生涯发展与就业指导课程看似提升了课堂效率和统一性,但忽略了个体之间的差异性,无法针对学生个性化的需求提供高现实性、高有效性的指导。同时,因课程内容同质化、泛化,当学生察觉到无法从这门课程中获得自己需要的信息,便产生对该课程的排斥,课程目标的实施也就无从开展。

四、课程整体形式老旧,与社会需求脱节

高校生涯发展与就业指导课程的形式理应服务于课程目标,但目前部分高校开设的生涯发展与就业指导课程形式主义严重,内容、形式守旧,忽略了国家和社会需求,模糊了"为谁培养人? 培养什么样的人? 怎么培养人?"的问题,置实际需要于不顾。"为国育人、为党育才"是高校教育的宗旨与信仰,更是生涯发展与就业指导课程必须坚守的初衷与方向,大学生生涯发展与就业指导课程要坚持"立德树人",为学生树立起历史使命感和社会责任感,避免"只重物、不见人"和"重功利、轻信仰"的缺陷。此外,许多老师只进行理论知识的传授"上完即走",无暇关注学生的长远发展,更不会关注不同学生的个性化需求。更有甚者,将其看作"水课""混学分",造成老师不备课、学生不听课等一系列问题。这些现象也使得高校生涯发展与就业指导课程名存实亡。

大学生就业指导应当是一个多元化、综合化的应用型课程,课程形式涵盖了学科课程、活动课程、实践课程和环境课程等。学生可以先通过学科课程获得理论知识,并在有效掌握的基础上,走到社会企业中,以人才培训、专业实践、

实习实训方式,设置有形或无形的物质、文化或制度环境引导毕业生根据自身的个人情况来规划和制订自身的未来职业规划。目前高校生涯发展与就业指导课程囿于学科课程内,不注重理论与实践的结合,没有起到平台的作用;同时,学生因缺少实践指导,对职业规划模糊、职业认知理想化,真正踏足社会时便显得无所适从。

第二节　建设校本课程,服务学科专业就业

"校本课程"是一种新的课程发展战略,是一种新的课程发展方式,是一种新的课程管理方式,是一种新兴的课程模式,也是建设学校特色的重要组成部分,更是对国家课程的必要补充。简而言之,校本课程是在学校场地发生并开展的,以国家及地方课程纲领的基本精神为指导的,依据学校自身的特色调节,并结合其他可开发、利用的潜在资源开展的一系列课程开发活动。校本课程最大的特点就是考虑并结合了自身学校的特色与需求,对于生涯发展与就业指导课程来说,校本课程的建立帮助高校更有针对性地进行就业指导,更精准地服务各个学科专业的就业。

一、课程定位：增强课程的应用性和实效性

校本课程的开发重在倡导一种自下而上的课程开发和改革模式,强调以学校为课程开发的基地,以学校的现有条件为活动开发的基础,以学校特色为课程内容开发的决策依据。这种基于校本的生涯发展与就业指导课程的开发在一定程度上增强了课程的应用性和实效性,更有可操作性和实际意义。

（一）教学模式改革

随着社会的发展和科技的进步,传统教学模式已经无法满足学生对知识的获取和应用需求。因此,教学模式改革成为课程定位的重要环节。生涯发展与就业指导课程教学模式的改革主要可以分为三个方面。一是教学主体的改革,从以教师讲授为主的单向课堂转向以教师主导、尊重学生主体性的双向互动。生涯发展与就业指导课程的教学中,教师要引导学生多阐述、多思考,尊重学生的个性化表述,把课堂的主动权交给学生,不做"一言堂"。二是从只重视结果

转向既重视结果又重视过程,关注学生的内心活动。就业指导的直接结果呈现是就业去向落实率,但就业去向落实率不能成为衡量一个学校生涯发展与就业指导课程开展得优劣的唯一指标。就业指导是服务于学生个体指向个人更好、更完善发展的,因此在进行课程评价时要关注学生对自身职业选择和规划的过程性评价,考察该课程是否在学生面对困顿和选择难题时起到关键性作用,帮助学生指点迷津。三是从只研究教法转向既研究教法、又研究学法,教法是解决"怎么教",而学法则是针对于"如何学"。对于学生来讲,如何领悟生涯教育的内容,并结合自身情况加以应用是解决就业问题的关键,应注重学法和学生心理发展规律、学习规律的结合,传统教学模式/方式与创新教学模式/方式存在较大差异(见表5-1),大学生生涯发展与就业指导课堂教学模式可在以下几个方面进行创新:

表 5-1　传统教学模式/方式与创新教学模式/方式的比较

传统教学模式	创新教学模式	传统教学方式	创新教学方式
传递—接受式	翻转课堂"双线教学"	讲授法	"VR+教育"体验式教学
自学—辅导式	OBE 教育理念	讨论法	实训、竞赛实践教学
示范—模仿式	POPBL 教学模式	示范法	生涯榜样人物案例教学

1.将大数据、AI 等现代信息技术融入传统教学

将线上知识性内容的传授与线下对学生多思考、多阐述、多合作的引导进行融合,尊重学生的个性化表达与个体化问题的解决,把课堂的主动权交给学生。

在运用现代先进技术开发线上教学辅导部分可做以下尝试:一是研发个性化的在线生涯发展与就业指导课程,作为现行线下课程的有力补充。例如,运用大数据技术强化对学生学习状态与表现的监测与评估,结合 AI 智能测试,为学生推荐个性化选修模块,有的放矢,提高课程的精准化程度。二是在学生学习页面设置同步辅导 AI 指导师,通过在线平台,大学生可以向 AI 指导师提出问题,AI 指导师将通过自然语言处理技术和机器学习算法,给出较为精准的建议和指导,这种在线咨询服务不仅快捷方便,高效精准,而且可以作为课程配套的辅助,超越课程学时和师资的限制,增强学习体验。若学生对 AI 指导师的辅导不尽满意,可以带着问题到线下课堂,由任课教师针对学生的共性问题进行翻转课堂的教学设计;学生还可以通过接入课程页面的生涯咨询系统预约线下真人专业咨询。三是可以根据大学生的个人偏好和职业规划及其他数据分析结果为之推荐相关的职业方向与就业机会,实现课程与真实生涯发展和就业场景的转换与结合。总之,大数据、AI 技术在大学生生涯发展与就业指导课程中的应用,可以大大提高教学效率和效果,为学生提供更加个性化的教育服务。

2.运用 OBE(Outcome based education,OBE)教育理念

结合大学生群体在生涯发展和求职就业中的实际挑战,以学生为本,以提高其生涯成熟度和求职成功率为最终目标,坚持成果导向、能力导向,建设生涯发展与就业指导课程体系。

生涯发展与就业指导课程可以以最终目标为起点,反向进行课程设计,开展行之有效的教学活动。例如,任课教师在教学大纲的引领下,随着课程的推进,指导学生完成自我认知、工作世界探索、职业决策、目标计划、行动调整等若干职业规划的步骤,待到课程结束之时,学生就已经完成了自己的职业规划并形成了极具可行性的行动方案。再如,以提高学生的求职展示力为导向,采用互动式、输出式教学方法,鼓励学生积极思考、勇于表达,经过几十个学时、历时数月的刻意练习,学生的自我表现力都会有较大程度的提升。OBE 教育理念在课程中的有效应用能提高学生学习此门课程的成就感与获得感,但同时也应该避免只注重结果的单一评价标准,就业指导的直接结果的核心呈现是就业去向落实率,但就业去向落实率不能成为衡量一个学校生涯发展与就业指导课程开展得优劣的唯一指标。生涯发展与就业指导是服务于学生个体的,指向个人更好、更完善发展的,因此在进行课程评价时要关注学生对自身职业选择和规划的过程性评价,考察该课程是否提高了学生的生涯成熟度,特别是在学生面对困顿和选择难题时是否起到了实际作用。

3.以问题为导向,以项目为基础

运用 POPBL(Problem-Oriented and project-based learning)教学方式开展项目驱动式教学。POPBL 是在以问题为导向的学习和以项目为导向的学习的基础上发展而来,是基于现实世界的以学生为中心的教学方式。

在 POPBL 模式中,真实情景中的问题是学生展开学习活动的起点,学生需要在教师的指导下,从一个实际问题出发,通过讨论、查阅文献等方式,独立思考并解决问题。学生通常以小组形式合作学习,小组成员为了解决问题,每个成员都承担着不同的角色,在解决问题的过程中,学生不仅要掌握知识,更要培养自己的创新思维、团队合作精神和自主学习能力。教师在其中发挥指导和辅助的作用,但并不占据主导地位,在实施 POPBL 教学模式时,教师需要精心设计问题情境,选择难度适当的项目,并给予学生足够的自主发展机会和指导。例如,在生涯发展与就业指导课程中可以将"确定职业目标""发现个人优势""分析专业的市场需求"等作为贯穿课程的"小组项目",学生组建小组并选题,随后进行小组讨论并实施项目,当课程结束时,这些项目就可以取得初步成果,能够解决学生生涯发展中的实际问题,课程可设置专门的时间供课程小组演示、汇报,且通过过程性评价、终结性评价等多元评价方式,全面评价学生的学习过程,了解学生的学习状况,为学生的成长提供指导。

(二)课程内容完善

课程内容是实现课程定位的关键。为了增强课程的实效性,课程内容应进行以下三个方面的完善:

第一,更新课程内容。生涯发展与就业指导课程内容要基于就业市场的需求,根据行业发展趋势、社会经济结构、行业岗位需求等进行设置。当前生涯发展与就业指导课程的内容过多停留在理论层面,缺乏实践和技能层面的深入,内容窄化,局限于就业信息的传递,缺乏多层次、多方面的指导。高校需从宏观层面上把握就业市场信息和最新动向,督促专业教师及时更新课程内容,向学生精准传递细分就业市场中关于人才引进的最新要求,做到与时俱进。一方面,使学生明确前进方向,补齐短板,积极掌握前沿的专业知识和技能;另一方面,帮助学生提高就业决策能力、学习就业技能并制订合适的就业目标。

第二,要确保课程内容的全面性。大学生生涯发展与就业指导课程的内容应当包括正确就业价值观念的树立、就业知识和能力的培养、自我认识和剖析三部分。其中,正确就业价值观念的树立包括高校毕业生的就业政策导向以及与之相应的思想政治工作,回应"为谁培养人""培养什么样的人"的问题;自我认识和剖析是指通过校内和校外的实践,学生们建立起自我意识,了解自己的能力、兴趣、特长,对自己的身心特点有一个准确的把握,并初步确立职业目标。就业知识和能力培养包括预测现有的就业劳动力资源,社会需求,培训劳动技能,组织劳动力市场,开展就业综合社会咨询,服务活动等。通过课堂教学和课外实训的方式,培养学生的职业能力,加强对工作机会的认识,实现"怎么培养人"的闭环。总而言之,学生可以通过课程学习,了解国家的就业政策,掌握相关岗位的工作内容和岗位职责,并且能够结合自身实际,作出比较合理的职业选择与规划。

第三,注重与其他专业课程之间内容的衔接。课程与课程的衔接是实现课程定位应用性、实效性的重要保障。教师应在课程内容的设计时充分考虑与其他相关课程的衔接,特别是让学生了解每一门专业课开设的意义,让学生了解这些专业课可以提升自己哪方面的能力,强化学生对专业课程学习重要性的认知,并将其与自身未来发展结合起来。

(三)教学方式创新

教学方式是实现课程定位的关键因素。为了提高教学效果,应从以下几个方面进行教学方式的创新:

1.采取共性引导与个性化关照相结合的体验式教学

以课程大纲为基准,通过课堂教学统一输出,进行标准化知识和技能的传授,以期解决学生在学业发展、职业定位、自我探索、工作世界认知、求职技能等方面的共性问题。辅以体验式课堂活动对大学生进行一般性引导,特别是充分利用多媒体设备、网络接入等信息技术手段,支持课堂教学互动,优化课堂教学资源,完善课堂教学模式。如利用"VR+教育虚拟现实"智慧教室,通过虚拟现实技术为教学创造理想的实验、情境环境,为学生提供沉浸式体验,弥补传统教育手段的不足。学生可以实现对未来职业内容、工作环境、工作方式的了解,完成不同职业、岗位的体验。此外,VR的使用可以帮助高校降低成本地实现空间和时间的拓展,弥补项目式驱动教学的不足。

2."纸上得来终觉浅",强化实践教学

实践教学是巩固所学理论知识,加深理论认识的有效途径,是培养学生理论联系实际、掌握科学方法和提高动手能力的重要途径平台,有利于学生素养的提高和正确价值观的形成,在培养高素质的应用型人才中占有举足轻重的地位。高校可以在大学生生涯发展与就业指导课程中结合教学目标设计合理的实践学时,并完善对实践学时内容的考核,例如:在简历写作的理论学时结束后,要求学生完成简历的撰写;在面试指导部分,开展模拟面试,邀请人力资源招聘专家和用人单位 HR 点评指导;在搜集就业信息部分,要求学生参加或观

摩校园招聘会,鼓励学生到现场投递简历且与用人单位交谈;在创新创业部分,带领学生走进当地创业园、孵化基地;通过与企业的合作,建设实习基地,让学生有机会参与就业实习。另外,以竞赛带动实践教学也是一条行之有效的途径,鼓励学生参加专业技能比赛、职业规划大赛、创新创业大赛等生涯赛事,打通竞赛参与和课程实践学时学分的互换通道,给学生提供较大的自主学习的时间和空间,调动他们的主观能动性,培养他们的学习兴趣和创造性思维。总之,通过实践教学要让学生"从知道到做到",提高他们的工作技能与就业能力。

3.发挥榜样的力量,强化案例教学

结合课程内容和学生学习目标,选择设计合适的案例进行案例教学。例如,如果课程内容是职业规划,那么案例应该涵盖如何选择适合自己的职业,如何评估自己的职业素质和技能,如何了解就业市场和未来职业等。将案例中的规律性的内容进行提炼就可以得出"可复制""可迁移""可借鉴"的职业规划的方法及经典做法,这样就能使学生更好地理解课程知识,并能够将所学知识应用于实际工作中。例如,在生涯发展与就业指导课程中,可以通过讲解一些成功人士的案例来激励学生,使他们更加有动力去追求自己的梦想;或者讲解一些失败的案例来分析原因,帮助学生从中吸取教训,避免犯同样的错误。也可以贴合现实生活,选择同一性和可参考性较高的案例。例如,已毕业校友的就业经历、身边"生涯榜样人物"的相关故事和经验等。案例教学法在大学生生涯发展与就业指导课程中的应用是非常有帮助的,通过案例分析和讨论,可以使学生更好地理解和应用所学知识,提高他们的职业素质和竞争力,从而更好地适应未来社会的发展需求。此外,案例教学法还可以激发学生的学习兴趣和创新能力,帮助他们树立正确的就业观念。

二、建设校本课程数据基础

校本课程数据是基于历年毕业生就业状况的数据整理分析的。数据资料是建设校本课程的依据,也是推动就业指导数字化、网络化、智能化的基础。

(一)本校各专业的就业数据及就业地图

本校各专业的就业数据及就业地图是建设校本课程数据基础最重要的一步。这些数据反映了学校毕业生就业状况和趋势,可以为学校提供宝贵的

参考信息,以便为学生和家长提供更好的就业服务。通过收集就业数据和分析就业地图,可以更好地把握就业市场的动态,为学生的未来规划提供更可靠的依据。

学校应当组织各个学院毕业生通过就业状况跟踪调查、学生座谈会、个别访谈等方式尽量多地收集各专业毕业生的就业数据,包括就业岗位流向、就业区域流向、就业单位性质流向等,分析各个专业的就业情况;同时,着重关注就业质量,如就业岗位与所学专业的匹配度、就业的稳定性、工作满意度、薪酬水平等。根据对以上信息的统计、分析,绘制本专业的就业地图,直观呈现各专业的就业分布状况,还可以基于客观数据深入分析不同地区、不同性别、不同行业、不同岗位的薪酬、发展空间、发展路径等职业规划类信息,为学生、家长、学校和社会提供有价值的参考。对于课程而言,可以根据上述数据和分析结果,制订相应的课程计划和教学方案,为学生提供更好的就业指导。

（二）实习实训项目的安排与设置

高校就业实习实训项目的安排与设置通常是在学校实际专业需求的基础之上依据教学计划和相关政策规定进行规划的"实践学时"。大学生实习实训学时的设置需要根据教育教学体系,并纳入到第二课堂成绩单中进行考核。实习实训项目旨在提供实践经验和技能训练,使他们在毕业后能更好地适应职场需求。这些项目一般由学校或教育机构组织,也有由企业或政府部门直接开展的。在进行安排和设置的过程中要注意实习实训的内容和形式、具体学分和学时要求、实习实训的考核方式等。

在实习实训项目的内容和形式上,要从多个维度考虑,例如培养学生的实践能力、提升就业竞争力等,并结合项目目的调整内容和形式,学校和二级学院要对实习实训项目的具体安排流程反复斟酌与确定,内容和形式上要结合国家需求和企业用人需要,根据专业特点和实际行业需求进行调整。明确实习实训项目的具体内容,包括理论学习、实践操作、工程实践等方面,并制订详细的实习实训方案,包括实践任务、学习要求、考核方式等,确保项目的实施有条不紊。在实习实训的过程中,学校协同企业、事业单位,指派专业教师或企业导师担任学生实习实训的指导教师,负责对学生进行指导、评估和反馈。有序安排学生进入实习实训基地进行实践操作、工程实践等活动,学生需要按照实习实训方案进行学习和实践,并及时向指导教师汇报。在具体学分和学时要求上,要规定一个合适的项目周期,需要考虑到课时兑换和学分转换,与学期或学年相对应。在实习实训项目的考核和评价上,建立多元化评价体系,强调过程性评价。实习实训结束后,收集各方对其项目的评估与反馈,包括学生、指导老师和指导单位等,进行结业考核、总结和评价,以便对项目进行改进和优化;同时根据实习实训方案的要求,对学生的表现进行评估,并及时给予反馈和指导,帮助学生改进和提高。

三、建设特色生涯发展与就业指导课程

各专业生涯发展与就业指导课程既有共通之处,也有特别之处。因此,生涯发展与就业指导课程的内容既要有一般性,也要体现特色性、专业性。根据各个专业人才培养的需求和实际工作的标准开设指导课程,考虑到各专业的实际就业情况,有针对性地进行人才就业专业化指导,提高就业质量,发挥生涯发展与就业指导课程的最佳效果。

(一)医学生

《教育部高等教育司 2022 年工作要点》指出:深化新医科建设。锚定"大国计、大民生、大学科、大专业",在此基础上,积极探讨医学与其他学科的相互渗透。推动以"医学+X"为基础,以多元专业为基础,培养复合型、高水平创新型人才。医学生因学制相较于其他专业更长,同时也是有规培的,也就是大学毕业后的三年规培、两年的硕士生规培期和两年的博士生规培期。目的是通过临床实训,为基层医院输送高素质的高层次人才,减轻医学生的就业压力。在长时间的理论学习和临床实践中,医学生面临"时间线长""工作或学习压力大"的问题。如何破解这一局限,关注医学生心理健康,引导其正确看待自身职业生涯,做好工作与生活的平衡是医学生就业指导要加强的内容。同时,医学院校《大学生创新创业与就业指导》课程建设必须依托"新医科"政策,统领医学教育创新,即医学的新要求,新的医学专业,医学与多学科的深度交叉融合,凭借新医科的发展背景,融入新医科发展理论。

生涯发展与就业指导课程可以帮助医学生更好地面对就业压力和挑战,并对其心理健康产生积极的影响。生涯发展与就业指导课程能够为医学生提供必要的就业技能和信息,以应对当前激烈的就业市场竞争。例如:重庆医科大

学树立为大健康服务的教学改革理念,改革临床医学专业传统的"三段式"(即"公共基础课程—基础医学课程—临床医学课程")教学模式,打破人才培养中基础与临床割裂的壁垒,开展"以器官系统为主线、以疾病为中心、以临床思维路径为导向、基础与临床课程融通"的整合课程教学模式改革;西安市高校开展毕业生就业指导系列活动,由就业指导师为医学生提供职业生涯规划、简历制作、求职技能、权益保护等多方面的指导,帮助他们更好地了解职场、规划职业发展、提升自己的求职竞争力,从而减轻就业压力和焦虑。

生涯发展与就业指导课程还能够帮助医学生正确认识自我,建立积极的求职心态。例如,"大学生求职心态调节与行动促进"这一课程内容,涵盖自我认知能力、求职方向与决策、分析自己、勇于实践和进入职场后的应对等内容,可通过讨论、角色扮演等方式引导医学生思考和解决就业过程中的心理问题,提高其自我效能感和自信心。此外,生涯发展与就业指导课程还可以提供有效的心理调节和支持手段,帮助医学生应对就业过程中的心理压力和挑战。比如,通过建立朋辈互助的关系,帮助医学生找到合适的心理咨询师或治疗师,及时排解心理压力和情绪困扰。

（二）师范生

由于许多高等师范院校转变成综合院校,因此把师范院校的数理化、中文、外语、政治、体育等与中小学教学有关的学科统称为师范教育。同样地,把教育学、心理学等中小学教育研究基础学科也统称为教师专业。师范生就业课程指导主要是使学生了解自己的个性,了解教育劳动的特点及未来教师的素质要求,同时明白一个好老师、一个教育工作者应该具备什么样的品质与能力,也就是现在应该为未来做些什么;师范生就业实习是将师范生与未来的教育事业紧密地联系在一起,这个时期要解决的问题是:"现在怎样才能为将来做好准备",职业辅导集中在师范生实操就业技能方面,对业内常用的面试环节进行专项训练,提高面试成功率,助力师范生高质量充分就业。师范生应聘中小学教师面试流程包括一面、二面、三面,先是投递简历同时简短自我陈述,再是教学片段展示,最后是校长/高管综合面试。此外,还要帮助明确师范生的简历必备三要素——成绩、奖学金、学生干部经历,以提高竞争力。

师范生相较于其他专业更看重情怀和师德,教育情怀是师范生对待教育的情感态度和价值取向,是出自本心的道德自觉,在师范生专业素养结构中居于核心地位,是师范生专业成长的动力源泉,因此在生涯发展与就业指导课程里要有针对性地进行培训和培养。例如,西南大学邀请相关专家举办就业工作培训,组织毕业生就业指导公开课暨就业动员大会,努力做到早谋划、早部署、早行动。召开公费师范生就业动员会,解读公费师范生就业政策、分析中小学校招聘情况,全力保障公费师范生落实任教学校。采取"走出去,请进来"等多种方式,加大与省级教育行政部门的协调沟通力度,采取多种方式为公费师范生提供就业支持和信息服务。

进一步深化教育教学改革,结合师范专业特色开设生涯发展与就业指导课程。着力构建"知识、能力、素质"三位一体的人才培养体系,积极开展市场调研和毕业生调查,调整教学计划,推进课程体系、教学内容、教学方法和教学手段改革,完善"通识教育、学科基础教育、专业教育"三级教学平台,优化学生知识结构。要把就业、创业理念引入教学环节,大力加强实践教学,敏锐捕捉市场新需求,培养复合型人才,应对高中生选科刚需,在传统师范技能的基础上叠加"中学生生涯辅导、选科指导"新技能,开辟专门教学模块或配套课程,增强师范生就业竞争力。培养学生职业意识、就业意识、创业意识,提高学生实践和创新能力。通过以上方式,引导公费师范毕业生乐于从教、长期从教、终身从教,积极到基础教育薄弱地区从教。

(三)农科生

习近平总书记在给全国涉农高校书记校长和专家代表重要回信和在清华大学考察时的重要讲话提到,要加快新农科建设,引导涉农高校深化农林教育供给侧改革。《新农科人才培养引导性专业指南》中提到农科人才的培养要对接国家重大战略需求,服务农业农村现代化进程中的新产业、新业态,面向粮食安全、生态文明、智慧农业、营养与健康、乡村发展等五大领域,设置生物育种科学等12个新农科人才培养引导性专业。

农学专业的学生在就业市场上有时会遇到一些偏见,这个问题亟待解决。一方面,农科学生的就业方向主要是农业、农村相关的部门或单位,其中可能包括公务员、农业科研单位以及企业。然而,这些单位的薪资待遇可能不如其他行业,因此一些学生可能会认为这个专业不适合。另一方面,即使农学专业的学生想从事农业,但也存在一些问题,比如我国人均耕地面积较少,且农业企业在工作环境、薪资待遇和职业认同感等方面的问题,都可能影响他们的职业选择。为了解决农科学生的就业问题,教育工作者和政府部门应该一起努力,例如,通过开设农科生涯发展与就业指导课程,帮助学生了解农业行业的发展趋势、就业前景和职业规划等方面的信息。同时,我们还需要增强对农学专业的认同感,提高人们对农业行业的了解和认可度,这样才能鼓励更多的学生从事农业行业。

此外,政府也应该加强引导和支持,为农业行业的发展提供更好的社会环境和舆论环境。比如,近年来,山东、山西等省陆续实行公费农科生招生政策。这是继公费师范生、公费医学生后,又一个"免学费、包分配、有编制"的招生类型。这类学生通常按照提前批次录取,由省级财政承担其在校期间学费、教材费、住宿费等,毕业后,回到相应辖区的农技推广机构工作,确保有编有岗,服务年限一般为 5 年,因个人原因违约需承担相应责任。在这种公费农科生模式下,毕业生直接去委培单位就业,享受"两免一补"待遇,这对于想从事农业、扎根基层的学生来说是很好的选择。另外,进一步加大对农业人才的培训力度及素质提升措施,提升其在实际工作环境中的运用和应变能力,从而更加有力地服务于农业持续稳定发展的要求。我们必须承认,在日常的教学活动中,常常出现专业划分过于繁琐细致、专业设置与社会对人才需求的现实状况未能有效衔接、实践环节设置不足或缺失等问题,这些都无疑使得经由高等农业院校培养的农林人才无论从技术技能还是从业务素养方面,都不能完全适应现阶段农业产业发展所面临的挑战。

对于农科生来讲,亟待攻克的就业难题就是如何克服世俗眼光和舆论压力选到理想的职业。虽然社会和时代观念也一直在改变,但对农科生就业的偏见一直存在,如何做好引导是农科生生涯发展与就业指导课程的一大难题。

(四)工科生

加快新工科建设,统筹考虑"新的工科专业、工科的新要求",改造升级传统工科专业,发展新兴工科专业,主动布局未来战略必争领域人才培养。深入实施新工科研究与实践项目,更加精准聚焦产业需求导向,更加切实关注跨界交叉融合,更加全面加强支撑服务,探索建立工程教育的新理念、新标准、新模式、新方法、新技术、新文化。高校应大力推动产教融合和校企协同的机制创新,深化产学研多方共建合作办学平台、共同培育人才资源、协同解决学生就业问题以及协同促进行业发展,这些都是工科专业发展的必然趋势和未来方向。高校要积极推动与党政机关、企事业单位、社会服务机构的合作,完善工科生实习实训的制度保障。探索实施工科大学生实习"百万计划",落实工程实践教育基地、共享型人才培养实践平台、校企合作平台的开设,拓展实习实践资源。

工科类包含机械、材料、计算机、土木等多个大类,就业面非常广,是毕业生人数最多的大类。为了缓解工科生面临的就业岗位压力大和性别歧视严重的问题,学校应在生涯发展与就业指导课程中加以引导。首先是就业岗位压力大的引导:引导学生正确认识就业岗位压力大是工科生就业的普遍问题,让学生避免将这一问题过度悲观化和绝对化。帮助学生寻找适合自己的就业岗位,同时积极面对就业岗位的挑战,提高自身能力。教授学生如何撰写有力的求职信、准备有效的面试技巧以及了解招聘企业的文化。其次是性别歧视严重的引导:明确指出性别歧视是严重违反就业平等原则的,提醒学生避免在求职过程中因为性别问题受到歧视,并向学生普及法律法规,让他们了解自己的权益。鼓励学生积极争取公平的就业机会,并在需要时提供必要的支持和帮助。提倡用人单位平等招收和使用女性员工,以期通过政府补助政策和经济手段降低用人单位因招收女性员工而承受的经济损失。最后是提升和积蓄能力的引导:通过课堂教学、实习和实践活动,帮助学生提高专业技能和职业素养。引导学生在求职过程中多尝试不同的岗位,不断积累经验,提高自己的综合能力。帮助学生制订职业规划和发展目标,让他们明确就业是新的起点,只有提升和积蓄能力,才能抓住未来的机会。通过生涯发展与就业指导课程的引导,可以让学生更自信地面对就业问题,增强他们的职业竞争力,从而解决工科生面临的就业岗位压力大和性别歧视严重的问题。

第三节　建设生涯课程体系

高校生涯教育体系的建设需要全方位、多角度的考虑,从必修和选修课程、生涯辅导活动、生涯教育与思政学科教育融合等多方面入手,为学生的成长成才及职业发展做好准备(见图5-1)。

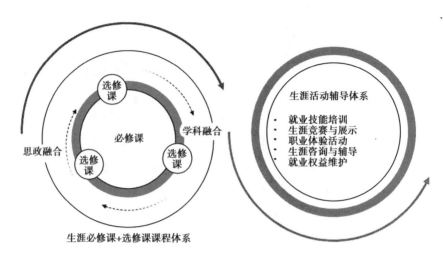

图 5-1　高校生涯教育体系

一、必修课+选修课课程体系的建设

生涯发展与就业指导课程是为帮助大学生职业规划和就业能力提升而开设的,作为精准化就业指导与服务体系的一部分,高校必须构建起一套完整的必修和选修课程体系,要将课程建设作为强化就业指导与服务的重要内容,给予学时学分保障。在构建课程体系的过程中充分考虑学生的个性发展和需求,为他们提供更加全面、多元化的学习选择。

首先,生涯教育必修课的教学对象往往以固定班级或专业为单位,学生与学生之间同一性强,专业针对程度高,它往往包括与所开设课程学院专业相关的职业规划基础知识和实践技能的传授。这些知识可以涵盖职业生涯规划、职业选择、职业市场分析等方面的内容。就业指导必修课包括三部分,一是课业规划:即帮助学生了解自己的兴趣、技能和价值观,并设定职业目标。在课程中,将教给学生如何通过自我成长实现职业发展。二是职业主线:这个部分将教导学生了解职场的基本知识,包括求职流程、工作机会和职业发展的机会;同时,也会让学生了解政策、经济、教育和人口等因素对就业的影响。三是成长路径:这一部分将帮助学生探索自己在职业生涯中的成长路径,提供职场成功所需的技能和知识。同时,也让学生积极创业、关注政策动态和拓宽就业渠道。另外,在实践技能方面,学生需要学习如何制作简历、如何进行面试以及如何推销自己等方面的知识。这些知识和技能都是学生在职业生涯中必不可少的。

相比于必修课,选修课程面向的学生群体更广泛、更多样化,他们往往是多个学院甚至领域、不同年级的学生。此外,授课教师也不固定,存在着"一师一课"的情况,虽然课时内容之间连贯性不强,但不同的教师教学风格迥异、专长方向不同,可以为学生提供更全面、多样的教学内容。另外,就业指导选修课应结合学生的差异性需求和兴趣开展,涵盖更广泛的主题,例如,职业发展、社交拓展、心理健康、人际关系管理、情绪管理、精力管理等。职业发展课程针对想要在职场上提升自己职业能力的大学生,可提供包括职业规划、求职技巧、管理技能等方面的培训和指导;社交拓展课程提升学生人际关系技能,尤其是团队协作能力和人际沟通能力,学习处理社交冲突,建立良好的人际关系;心理健康课程提供就业心理压力疏导、情绪调节技巧、心理咨询等方面的培训,帮助大学生建立积极乐观的心态,保持身心健康;人际关系管理课程可以提供关于人际交往技巧、人际冲突解决策略等方面的指导,帮助大学生建立良好的人际关系;情绪管理课程为大学生提供关于情绪识别、情绪调节、情绪管理策略等方面的培训,帮助他们更好地处理自己的情绪,保持良好的心理状态。通过这些选修课,学生可以拓展自己的视野,提高自己的综合素质,为自己的职业生涯提供更多的选择。选修课的存在满足了学生个性化的就业需求,根据所学专业、所选岗位的不同进行有针对性的培训,从而提升自身专业性和竞争力。

除了必修和选修课程外,生涯教育体系还需要关注学生的心理健康问题。学生在面对职业选择和未来不确定性的时候,往往需要得到更多的支持和指导。因此,学校可以通过开展心理咨询活动、组织职业规划培训等方式来为学生提供帮助和支持。

二、课程与生涯就业指导活动的配套互补

课程体系应与生涯就业指导活动配套互补,注重与社会实践的联系。通过参与社会实践活动,学生可以更好地了解自己所学习的知识和实践应用的关系,提高自己的实践能力和综合素质。同时,社会实践活动也可以为学生提供更多的职业机会和信息,帮助他们更好地规划自己的职业生涯。此外,学校可以通过组织讲座、工作坊、职业测评等活动,帮助学生更好地了解自身优势和劣

势,掌握就业信息和技巧,提高求职成功率。

(一)专业能力的提升

专业能力是个体对所学专业理论知识与技能,能有效转化为相关实践技能方面的能力,且专业能力常在专业岗位上得以彰显。就业困难群体的核心竞争力之一就是其专业能力,倘若失去专业能力,在综合能力方面又不如其他大学生,则竞争优势减弱,遇到就业障碍,出现就业困境。

专业能力主要包括专业认知能力、专业技术能力和专业创新能力。在对就业困难群体的帮扶工作中,要注重其认知、技术和创新等多方能力的发展。专业认知方面,学好专业理论知识,形成对专业的正确认知,进而完善自身专业发展规划。专业技术层面,利用好见习、实习机会,大力发展自身专业技术技能,将学校中的理论知识运用于实践当中。专业创新层面,学校可开拓社会资源、校友资源,邀请行业专家到校开展相关讲座,帮助学生把握行业发展前沿,进一步激发创新能力。与此同时,引导学生积极参与校级、省级和国家级职业规划大赛,以赛促学,以赛促教,以赛促就。

(二)核心可迁移能力的提升

核心可迁移能力是相较于专业能力的一般能力,该能力与具体就业岗位无关,属于个人综合素质相关能力,主要包括自我管理、人际沟通、团队协作三大维度,每个维度下又可细分为若干个具体能力,如自我管理维度由复原力、学习力、目标发现力、专业构筑力组成;人际沟通维度可以细分为亲和力、反应力、语境理解力、人脉开拓力;团队协作维度包含赋权力、商谈力、传授力、协同力。核心可迁移能力是大学生求职的重要凭借,不仅表现在很多岗位对于复合型人才的需求,同时,它也是不少学生实现跨专业就业的关键。另外核心可迁移能力还可以从一个场景迁移到另一个场景,从一份工作迁移到另一份工作,谁拥有了它就能够更好地应对社会和职业环境的不确定性,因此,对学生核心可迁移能力的培养是课程实施的重要内容,也是就业活动的应有之义。然而,核心可迁移能力的提升非一朝一夕之事,不可一蹴而就,需要其他工作的配合。例如,针对特殊困难群体,需要在帮助群体建立好一定的心理资本后进行发展。在增强自信心后,学校可拓展勤工助学岗位,帮助特殊困难群体增加进一步提升锻炼自己的机会。与此同时,高校可与相关附属机构,如高校附属小学、高校出版社、高校对口帮扶企业等建立联系，投放一定数量的实训岗位，帮助特殊困难群体获得更充分的锻炼，在各种活动的锻炼中，夯实专业知识、技能，全方面提高核心可迁移能力，进而增强自身在就业竞争中的优势。

三、生涯教育与课程思政的融合

生涯教育与课程思政的融合，是达到更全面的教育目的的策略。生涯教育中的职业规划、求职就业与国家、社会、经济状况密切关联，大学生能否实现充分高质量就业主要取决于社会经济的发展水平和就业供给量，力促高校毕业生充分高质量就业始终是党和国家高度重视的议题。同时，经由职业实现人生价值和理想的达成也是一个重要的人生命题。在原本教育内容中融入合适的德育元素是课程思政得以实现的重要基础，在生涯教育中挖掘潜在的德育元素是对学生进行思想引领和价值引导的重要窗口。

生涯教育与课程思政的育人导向是引导学生将个人发展与国家需求相结合，将个人发展融入国家发展，将"个人梦"融入实现中华民族伟大复兴的"中国梦"。具体来说，将就业教育和观念引导作为生涯课程的重要内容，将思政要素有机融入授课过程，可通过就业引导的话语表达和职业发展工具的引入，在传递教学内容、培养学生就业能力的同时，引导学生客观看待个人条件和社会需求，坚守社会主义核心价值观，树立正确的成才观、职业观、就业观，增强使命感和责任感，树立起"劳动光荣"的理念，摒弃"躺平""不劳而获"的消极思想，结合我国所处的社会发展阶段和现实国情，坚定"奋斗是青春的底色"，主动投身于关键领域、重要的公共事业中，甚至到那些相对艰苦的地区去工作，以此砥砺自我，奉献社会。通过将生涯教育与课程思政相结合，我们可以实现更全面的教育，帮助学生建立一个更清晰的人生目标和生涯规划。例如，济南大学打造了生涯教育一体化模式，通过内容层、保障层和延伸层引导学生树立正确的世界观、人生观、价值观，推动思政教育与生涯元素融合。此外，他们还利用山东省一流课程《职业生涯指导与创业基础》推动"生涯思政"建设，通过线上线下交互式平台提供个性化成长指导服务。

总的来说，生涯教育与课程思政的融合是一种全新的教育理念，可以帮助学生将个人的职业发展融入国家、社会发展的历史浪潮，提高他们的职业素养，提升他们的职业道德。但是生涯教育与课程思政的融合是一个新概念、新理念、新方法,对于传统的生涯教育或就业指导教师而言也需要一个学习、适应、熟悉、创新的过程,生涯教师实施课程思政建设的素养和能力急需培养和提升,可以通过专题培训会、集体备课会等多种载体,助力任课教师提高思想政治理论修养、提升顶层设计和课程研发的能力、组织协调能力以及实践活动能力。

四、生涯教学与学科教育的融合发展

生涯规划教育是一项与个人终身发展息息相关的教育,它包含了个人的学业、职业生涯和人生规划。职业生涯设计教育的主要阵地是课堂,而课程又是职业生涯设计教育的基础。职业生涯课程的构建要按照一体化的思想,把专门的职业课程、学科渗透课程和各种活动课程进行系统化,让它作为一种有效的生涯教育途径,促进人的个性发展。生涯教学与学科教育的融合发展是现代教育发展的重要趋势,也是新高考改革赋予的一个重要挑战。这种融合发展将生涯规划与学科教育相结合,关注学生的兴趣爱好、能力特长和个性特点,培养学生的职业兴趣,帮助学生理解自己的需求和职业选择的原则,并为学生高中阶段的选科及未来的专业选择奠定基础。

生涯教育是一种有目的、有计划、有组织地对学生进行培养,以实现职业发展的教育方法。它围绕着学生的主动发展,培养他们的职业兴趣,使他们充分了解自己、学校、专业、社会需求,在工作中体验人生,确立合理的学习目标和人生目标,学会规划自己的学习生活。同时,生涯教育还包括职业体验活动、生涯规划、心理健康等方面。学科教育就是以课程为载体,向学生传授专门的知识与技术,培养学生在实践中解决实际问题的能力。新高考改革之后,学科教师将职业教育与学科教学相结合,将"专业—行业—就业"相互融通的理念和方法引入职业发展规划教育和择业就业指导,促进学生"三业一体"规划大学学业,思考大学生活,使学生建立起积极的发展理念,确定职业发展目标,做出职业决策,整合职业角色,寻找最佳的职业发展途径。职业教育与学科教育相结合的发展,需要学科教师将职业教育的要素融入教学,包括引领培育学生健康的个性和正确的职业价值观,从专业学习入手激发学生的兴趣动力,挖掘学生的优势潜能,开发学生的创新和想象力,向学生传递行业最新、最前沿的发展动态,以典型生涯人物为例分析职业发展路径、求职准备策略等,这些内容对于学生的职业态度和职业能力都会产生很大影响。

因此,生涯教学与学科教育的融合发展是一个全面、系统的教育理念,能够更好地满足学生的生涯发展需求,帮助学生实现自我价值和个人成长。生涯教学与学科教育的融合发展也是不可或缺的。通过整合多学科资源,开展跨学科探究和实践,培养学生的综合能力和创新能力,为未来的职业发展打下坚实的基础。

第六章　精准构建大学生就业培训活动服务体系

　　《教育部关于做好 2023 届全国普通高校毕业生就业创业工作的通知》(以下简称《2023 通知》)强调,建设高质量就业指导与服务体系要通过校企供需对接、职业规划竞赛、简历撰写指导、面试求职培训、"一对一"咨询等多种形式,为学生提供个性化就业指导和服务。生涯教育具有系统性、持续性、动态性、综合性和教育性,所以开展生涯教育是一个持续、长久、系统的过程,前期需要进行职业规划、后期则需要就业指导,根据不同时间节点,开展不同形式的生涯教育。

第一节　就业技能培训

　　就业技能培训是一种教育活动,旨在通过一系列的培训课程和活动,提高劳动者的就业能力和职业转换能力。它不仅针对失业人员,还面向在职人员、新生劳动力、转岗人员和下岗职工,提供必要的就业技能。培训内容包括就业技能培训、岗位技能提升培训、高技能人才培训、创业创新培训等,包含了诸多领域,如食品安全、茶艺师、保育员等专业。就业技能培训的目的在于提高劳动者的就业竞争力,使他们具备与工作岗位要求相符的技能和知识。通过培训,劳动者能够获得相应的证书和补贴,以获取就业的机会,并增强他们的就业稳定性。

　　就业技能培训的形式多种多样,包括但不限于短期培训、长期培训、网上培训、线上线下结合的混合培训等。培训机构一般由政府认证许可,能够提供系统、专业的培训服务。就业技能培训对于国家和个人都具有重要意义。对于国家来说,就业技能培训能够提高劳动力素质,促进经济发展和社会稳定。对于个人来说,就业技能培训能够增强他们的自信心,提高收入水平,促进个人发展和家庭幸福。

就业技能培训不仅是国家实施新的职业技能培训项目的一部分,也是劳动者提升职业技能的有效方式。主办方希望广大求职者都能够积极参与,为自己的职业发展打下坚实的基础。当前,大学生就业面临突出的结构性矛盾问题,一方面,大学生找工难;另一方面,企业用工荒。这在一定程度上反映了高校所培养的人才与社会现实所需人才存在一定脱节。因此,为了帮助大学生广泛就业、优质就业,各高校还应分层分类开展相关培训,帮助大学生提升就业核心竞争力。

一、职业规划类培训

职业规划类培训的主要内容包括优势发现、职业定位和策略制订。其中,优势发现主要是通过自我分析、行业分析、城市分析和工作机会分析来了解自我的优势和劣势,选择适合自己的职业;职业定位则需要对自己的性格、价值观和兴趣进行探索,确定明确的职业目标;策略制订则包括制订合理的目标和行动策略,同时也需要定期总结和复盘,以适应环境的变化。

(一)优势探索

优势是人们自然而然应用、能持续地为个人产生正向结果的能力。大学生优势探索活动旨在帮助大学生了解自己的优势和潜力,并在追求卓越的道路上做出明智的决策。通常可以通过自我反思评估、生涯咨询或团体活动的形式了解定位自身优势。例如在自我反思评估中,可以问自己如下问题:

①你在哪些方面做得特别好? 最擅长什么?

②你有哪些比较突出的专业技能?

③你在什么领域最感到如鱼得水?

④你做什么事时最专注?

⑤有哪些事情,即使你没做好,但还是强烈地想再做?

⑥你平时在哪些活动上投入的时间最多?

⑦工作中你收到最多的赞美是什么?

⑧你觉得自己具备什么品质？

⑨你最认同自己身上哪些优点？

⑩人生至此你最重要的成就，或最令你骄傲的是什么？

⑪最近有哪些积极的情感体验？

⑫到目前为止，你经历的最大挫折是什么？你是如何走过来的？

通过优势探索培训，学生能够发现自己的潜力和优势，为未来的职业发展打下坚实的基础。

（二）职业定位

职业定位活动是一种积极的自我发现活动，旨在帮助个人深入了解自我，明确自己的职业目标和定位。通过这类活动，参与者可以了解自己的职业兴趣、能力、价值观，从而找到自己喜欢的、擅长的和可以发挥价值的领域，进行更加明确的职业定位。这种活动通常由职业指导师或专业人士组织和实施，以向培训受众提供全面的职业咨询和指导。其中，可能会包括职业规划评估、职业发展规划、目标设定等环节。职业规划评估将使用一些测评工具，如霍兰德职业兴趣测试、MBTI 性格测试、施恩职业锚测试等来帮助参与者了解自己的职业兴趣和技能，以及与目标岗位的匹配度。职业发展规划环节将帮助参与者确定职业目标，设定职业发展路径和行动计划。目标设定环节则将帮助参与者确定具体的职业目标和具体的行动计划。

参与职业定位活动可以帮助个人明确职业目标和定位，清晰职业发展道路；更好地了解自己的职业兴趣和技能，以便更好地寻找适合自己的职业机会；提供与其他专业人士交流的机会，以了解最新的职业趋势和机会。

二、求职准备类培训

（一）简历制作培训

求职简历是求职者展示的书面求职材料，旨在展示求职者与应聘岗位相关的经历和技能。简历是求职的开端，高校应开展简历培训等相关讲座或简历制作大赛等相关赛事活动，帮助学生在简历制作上提升技能。简历制作培训的核心有两个要点：简历的内容和简历的结构。

一方面，简历的内容信息较为丰富，包括求职意向、教育经历、校园活动经历、实习实践经历、荣誉奖励、技能证书、爱好特长和自我评价等。由于简历版面有限,所以简历上内容的呈现要详略得当,基本信息应该写明、清晰标注,活动、实习、比赛经历应重点突出实现的成果,运用 STAR 原则表述,即情景(situation)、任务(task)、行动(action)、结果(result),运用数字来增强语言的表现力,将成就和结果量化。另一方面,简历的结构要注意详略得当,还要注意格式排版,其中简历中出现错别字是大忌。第一,要合理表述工作与实习经历,表述顺序可按照时间顺序或者重要性程度排序;第二,要明确求职需求,将自身教育经历与求职需求相结合,相关度高的内容可详写,其他则略写或不予展示;第三,要突出获奖优势,奖项的表述要写全称,且应标注获奖比例,获奖内容可按照重要程度进行排序,如国家级、省级、市级、校级、院级来排列;第四,要注意格式与字体,简历中的内容字体的大小、字号、标点符号都应细致检查。还应注意排版,可采用"倒金字塔"结构,突出重点。

(二)面试技巧培训

求职面试的短短几分钟,如何尽可能展现自身的优势与才能? 这需要学生提前就"面试"开展模拟训练。训练核心要点如下:

第一,提前准备,具有忧患意识。正所谓知己知彼,百战不殆。在面试前,要对前来招聘的单位进行背景调查,了解单位招聘人才需求、单位文化背景等,结合单位招聘需求和自身特长,准备好个人简历和自我介绍。尤其注意的是,简历和自我介绍应具有针对性,针对不同的企业,表达出自己不同的特长,或特长不同的侧重点,忌一稿多用。第二,积极展示,具有方法意识。优秀、有效的表达能促进面试的稳步推进,因此,在面试过程中,要积极展示符合单位需求的特长、学习或实习经历。展示过程中,还应注意表达技巧,采用"故事叙述法"进行表达,便于面试官更好理解与记忆求职者的经验和能力。第三,主动提问,具有兴趣意识。面试过程中,求职者会非常注重自身的表达与倾听技巧。同时,在面试接近尾声时,面试官可能会问求职者,还有什么想问的吗? 求职者应把握机会,主动提问,表达想要继续深入探究的兴趣,从而增加面试成功的机会。

(三)求职礼仪培训

中华是礼仪之邦,礼在现实生活中无处不在,是中华文明宝贵的精神财富。为了将大学生从学生转变为职场人,第一步就是要转变学生思维,丢掉学生气,塑造职业形象,培养职场礼仪。

求职礼仪相关培训可以通过开展"大学生求职礼仪"讲座活动,邀请专业高级礼仪培训师,讲述礼仪相关问题,比如:仪容仪表、行为举止、语言谈吐等相关礼仪问题。对于求职者而言,面试着装要遵循"TPO原则",考虑时间(time)、地点(place)、场合(occasion)等因素,做到修饰得体、干净整洁、大方自信即可。在求职过程中,行为举止要时刻注意,将"站如松、坐如钟、行如风"等理念牢记心间,仪态得体、行为得当。在语言表达过程中,先感谢提问者的提问,再组织语言、条理清晰地进行解答,让语言释放出智慧与力量。

三、备考相关培训

为拓宽高校毕业生就业渠道,高校通常会开展考公考编、选调生、考研等备考相关培训,部分高校还会基于本校学生的主要就业流向将有共同就业意向的学生分类,开设基层就业、教师编考试、军工企业就业等细分领域的就业能力训练营。

备考相关讲座邀请考公考编、选调生、教师、基层就业项目的专家和成功人士为同学们讲解他们的成功经验。在内容设置上,首先是帮助学生明确考公考编的目的,考公考编虽然能够获得稳定的工作和薪资福利,但更重要的是能够为国家和人民作出贡献,讲座要针对这一主题进行详细的讲解。其次,帮助学生厘清公务员和选调生的不同工作职能和招聘要求,详细讲解公务员和选调生的考试科目,如公务员考试科目为《公共科目》和《专业科目》,公共科目包括《行测》和《申论》,专业科目则针对相应职位专业所设。选调生主要省市考试科目为《行测》和《申论》两科,部分省市考查《综合知识》和《申论》两科。

相关培训还会邀请之前成功"上岸"的学长学姐现身说法,讲解备考注意事项,包括考试的内容、考试的形式以及如何进行有效的备考,需要准备哪些法律法规的内容,如《中华人民共和国公务员法》《公务员考试录用违纪违规行为处理办法》等,以及考前需要复习的一些常见题目和技巧。此外,要开设专门讲座对选调生、"三支一扶"和"特岗教师"等基层就业项目进行介绍。选调生相关讲座主要讲解如何成为选调生,选调生的相关政策法规及备考成功经验。"三支一扶"和"特岗教师"等基层就业培训着重对项目的介绍,包括项目的具体要求、薪资待遇、发展前景等方面的内容。为方便同学们进行学习和交流,还可以设置现场提问环节,与主讲人进行互动,帮助同学更加清晰地了解考试的内容和要求,从而为自己的未来发展做好准备。在考研培训和模拟面试环节,要意识到考研工作是高校教育教学中的一项重要工作,是建设优良学风和提高学校人才培养质量的重要载体。学校各二级学院,在学生的考研服务中,要对考研学生开展培训,如课程安排、讲课重点、复习辅导等工作。在初试结束后复试开始前,组织考生进行复试模拟面试,来帮助考研学生有针对性地进行备考。

第二节 生涯竞赛与展示

生涯竞赛是高校精准建设大学生就业指导培训活动服务体系的重要内容,也是提升大学生就业能力、完善职业规划的重要形式,主要分为职业规划大赛和职业技能大赛两种。此外,就业先进人物评选也是其重要的补充形式。

一、职业规划大赛

职业生涯规划类大赛,相较于生涯发展与就业指导课程有其自身独有教育功能,尤其是在创新思维与创新能力培养方面,生涯赛事有着无法替代的作用[1]。国家、地方和高校积极开办生涯赛事,以期实现"以赛促学""以赛促教",进而达到"以赛促就"的最终目标。

(一)以赛促学

通过组织学生参加职业规划大赛,激发学生的学习兴趣,促进良好学风的形成。将课程、技能、赛事内容与具体的课程内容、专业培养目标相结合,将竞赛与课程学习、技能训练、教学实训、就业见习紧密结合,以竞赛为契机,加速学生专业能力的提升。通过撰写生涯成长报告、设计求职简历,帮助学生明确职业目标、加深职业认知。通过现场比赛等展示环节,帮助学生提升语言表达能力、随机应变能力等。经过比赛的历练,利于引导学生科学规划学业与职业发展,提升就业综合竞争力。

---

[1] 费黎艳,于振杰.基于创新人才培养的职业生涯规划类大赛运作机制研究[J].中国成人教育,2014(1):35-37.

（二）以赛促教

组织与筹备职业生涯大赛，需要二级学院和学校成立相关团队教师。在专业化人员的组织下，赛前对参赛学生进行"一对一"辅导，赛中对比赛学生进行个性化点评，赛后再针对学生的问题进行集中解决。生涯赛事的核心目的是帮助学生增强就业竞争力，最终实现高质量就业。各高校可以组建生涯赛事的指导队伍，还可以组建生涯赛事的学生科研团队，集中老师和学生的力量，打通人才培养与生涯赛事的新途径，为构建多维度精准生涯培养体系提供有力的人才支持。如此，便形成了一个创新型的教学模式，以赛促教。

（三）以赛促就

职业生涯大赛有院级、校级、省级、国家级四级，赛事规模较大，种类丰富。比赛主办方在组织与筹备比赛时，会大力邀请各优质企业参与到生涯赛事中来，这有利于积极构建与企业之间的合作，实现校企对接，拓宽学生就业视野，提升学生职业认知，促进实现大学生的充分高质量就业。

职业生涯规划赛事的运作需要依托政府、学校、企业等多个平台的通力合作，其高效、长久的运行还需要一套完善的运作机制，从"组织端—运行端—培养端"为同学的生涯发展保驾护航，为成就其高质量就业提供高效保障，形成生涯赛事专业的组织机制。生涯赛事的成功举办离不开前期的细致筹备。在生涯赛事的组织与筹备工作方面，需要有健全的制度保障和合理的统筹安排。因此，成立生涯赛事指导专家委员会尤为重要，委员会拟订与出台生涯赛事相关管理文件和制度，以便主办单位统一开展比赛活动，促使生涯赛事的开展统一化、科学化。依托生涯赛事的制度文件，调动各方资源，积极开展生涯赛事活动。一方面，要遵循生涯赛事指导专家委员会意见；另一方面，要努力落实人才培养方案。比赛的运行还要和各二级学院或学校主办方形成科学的策划方案，保障比赛顺利运行。

二、职业技能大赛

大学生职业技能大赛是一项针对大学生群体的职业技能竞赛活动，旨在通过比赛提升参赛者在各个岗位所需的职业精神、思维能力、沟通能力、执行和领导能力以及岗位能力等，以增强大学生对职业生涯的认识和实践能力。同时，比赛也提供了一个展示技能、促进交流的平台,帮助大学生们进一步发掘自己的潜力,为未来职业生涯打下坚实基础。

比赛通常包括多个环节,比如职场实践、案例分析、实务设计、无领导小组等,同时还会邀请业界与学术界的专家担任评委,评选出晋级名单。比赛通过设定不同的主题和赛制,如商务数据分析、心肺复苏、中医推拿等,考核参赛者的专业技能和职业素养,以此来推动高校相关专业应用型人才的培养与实践。在比赛过程中,参赛者需要展示他们的职业技能和创新思维,如在数据分析、商业策划、团队协作等方面的能力。参赛者可以通过比赛来提升自己的专业技能和实践能力,为未来的职业发展做好准备。比赛不仅能为大学生提供展示技能、促进交流的平台,更是学院实践育人成效的有力验证。

不同的专业开设不同的技能大赛有助于有针对性地提升其专业能力和个人竞争力。例如,针对师范生开设师范生技能大赛,它是一种旨在促进教师技能和专业发展的比赛,比赛内容包括教学设计、说课、模拟上课和板书设计等环节。此类比赛由教育部门主办或承办,参赛对象包括全国高等院校及科研院所的在校学生或毕业三年内的学生;对于理工科学生开设的有实验技能大赛、"I Can"职业技能大赛和数学建模大赛。其中实验技能大赛分为实验理论与实验操作两个阶段,它是一种创新性的比赛,通过考察参赛者的实验理论和实验操作能力来选拔出优秀的学生。"I Can"职业技能大赛则是一个无固定限制、鼓励原始创新的赛事,参赛项目类型包括智慧家庭、智慧农业、智慧社区、智慧医疗、智能交通、智能教育、智能穿戴、智能制造、智慧文娱、智能语音等。参赛对象为全国高等院校及科研院所的在校学生或毕业三年内的学生,要求团队使用自主完成的创新项目注册公司,队长须为企业法定代表人,必须以团队形式参赛,每支队伍 2~5 名队员。数学建模大赛是一种对数学知识运用的比赛,旨在通过研究解决现实问题,培养学生的创新能力和应用数学解决实际问题的能力。

大学生职业技能大赛不仅为参赛者提供了提升自我的机会,同时也为社会培养了大量具备职业技能和创新精神的人才,对于推动大学生就业和社会发展具有积极作用。

三、就业创业榜样人物宣讲

习近平总书记强调"伟大时代呼唤伟大精神,崇高事业需要榜样引领",用榜样的力量引导人、鼓舞人、启迪人,是我们党的重要工作方法,也是中华民族的优秀传统。定期组织就业创业先进人物进入高校等单位宣讲,组织校级就业创业先进人物深入到各二级学院面向广大学生分享,典型人物的先进事迹和奋斗感悟能为学生带去人生启迪和示范力量,是对高校思政教育的有力补充、对高校就业创业工作的大力支持,具有十分重要的意义。

"社会主义是干出来的",精彩人生都是靠奋斗来的。就业创业年度人物都是社会主义建设各条战线上的先进工作者,都在各自的行业干出了令人称赞的业绩,在各自的岗位上作出了骄人的贡献,每人身上都有着启人心智的就业创业故事,都凝结着努力奋斗、积极进取的精神,闪亮着激励人生的发光点,是青年人成长成才学习借鉴的楷模榜样。就业创业先进人物的遴选需要遵循一定的标准,并通过一系列程序来完成。具体来说,需要考虑以下几个方面:

首先,就业创业先进人物必须拥有出色学术成就或突出的专业能力。他们必须在其学术领域取得显著的成就,例如发表重要学术论文、参与重大科研项目等;或者在已有领域有丰富的工作经验和成果。

其次,就业创业先进人物需要对自己的职业发展有清晰的规划,并在实践中积极实施。他们需要有明确的职业目标,并有能力制订合理的职业发展计划。

再次,就业创业先进人物需要有出色的就业指导能力。他们需要熟悉大学生就业市场和就业政策,并能有效地指导学生进行职业规划和求职准备。

最后,就业创业先进人物需要有良好的学生支持能力和服务社会的意识。他们需要积极与学生交流,帮助其解决就业问题,提供职业发展建议;还需要了解社会需求,具备为社会服务的精神并有能力为社会创造价值。

第三节　职业体验活动

高校职业体验活动是一种让学生亲自接触企业或行业的教育体验。职业体验活动对于学生群体具有诸多益处。此类活动使学生有机会深入了解最新的行业发展趋势,同时也有助于了解自我,从而更好地规划职业发展方向。同时,这类活动还能提升学生的沟通技巧、团队协作能力和问题解决能力,这些都是企业所需的核心技能,也是学生步入职场必备的素质。参与职业体验活动,能帮助学生更好地明确职业兴趣和能力,为未来的就业做准备,并在职场中拥有良好的职业规划,适应社会的发展和变革。因此,职业体验活动对于学生来说,是极其必要且具有极大益处的。高校学生参与职业体验活动的形式诸多,例如高校校内组织的生涯体验周(月)活动、朋辈生涯发展交流、生涯人物访谈以及在校外真实职业场景中的访企拓岗体验与见习。

一、生涯体验活动

高校定期开展的生涯体验活动旨在帮助大学生进行职业生涯规划和求职准备。活动通常由大学的职业发展中心、就业服务办公室等部门联合策划并组织实施,各地各高校会根据自身的实际情况和需求来安排具体的活动内容。

活动主题通常包括职业精神觉醒、职业世界探索、生涯规划等。活动旨在帮助学生全面了解职业生涯的各个方面,包括自我认知、职业探索、职业选择、求职策略、职业发展等。主题的设置致力于使学生对职业生涯有更全面的认识和理解,并为他们未来的规划和发展打下坚实的基础。此外生涯体验活动的形式丰富多彩,如举办专家讲座、校友分享会、企业参观、模拟面试、求职培训等。通过这些形式,学生们可以更直接地了解职业发展的最新趋势和机会,也可以提高他们的职业素质和就业竞争力,从而更好地适应职业市场的需求和挑战。在活动内容方面,各高校通过邀请一些著名的企业领袖、职业导师和专家学者分享其职业经验和心得,为学生提供有价值的职业建议和指导。此外,通过组织一些企业参观和模拟面试活动,让学生有机会近距离接触一些知名企业,了解企业文化和人才需求,提高自己的求职技巧和面试能力。

二、访企拓岗体验与见习

作为一种非常重要的职业体验活动,访企拓岗体验与见习的主要目的在于让学生能够通过实地参观和了解企业的运作和文化,以及企业对职位的需求和工作要求,从而获得大量实际的企业经验。访企拓岗体验的实施可以通过实际走访企业、与企业专业人士交流和参与企业活动来实现,通过这种方式,学生可以深入了解企业文化、运作流程、团队协作等方面的知识和技能。通过这种体验方式,学生可以对自身职业发展有更清晰的认识,还可以激发学生对职业的热爱和追求,从而增强其职业发展的动力。学生在企业中实地参与实际工作任务,可以了解并体验企业的工作环境和工作流程,从而更好地适应企业的需求和文化。

通过深入了解企业的运作模式和工作要求,学生能够更好地理解和应用所学的专业知识,从而提高自己的职业素养和竞争力。在实地参观和了解过程中,学生还能接触到许多全新的技术和设备,这对于他们来说无疑是一种宝贵的实践经验。特别是一些对新兴技术研发领域感兴趣的学生来说,他们可以在这样的实践环境中接触到最前沿的技术,比如物联网技术、人工智能技术、区块链技术等。参与这些见习活动不仅可以增强学生的实际操作经验和技术能力,也可以为他们未来的职业发展打下坚实的基础。

三、朋辈生涯发展交流

朋辈生涯发展交流是指在同一年龄段或有相似职业发展背景的人之间,以相互交流、分享、学习等方式,实现个人职业生涯规划和发展的过程。它包括对个人职业目标的设定、职业探索、职业定位、职业规划、职业发展等内容的交流。朋辈生涯发展交流能够提供一个平台,让参与者从其他同龄人那里学习和借鉴成功的职业发展经验和教训。同时参与者可以分享自己的职业发展经验和体会,以及自己在职业生涯中的困惑和挑战,这些分享能够给其他参与者提供宝贵的参考和借鉴。此外,朋辈生涯发展交流有助于参与者建立良好的人际关系,增强社交能力,为个人职业发展打下良好的人脉基础。通过与同龄人交流,参与者能够激发对自己职业发展的信心和动力,更好地实现个人的职业目标。

同龄人就业交流沟通的意义重大,它有助于学生更好地理解自身的就业需求、职业规划和就业市场,也可以帮助学生更好地了解自己的职业发展方向。通过与同龄人之间的对话和分享,可以了解他们在职业道路上的经历和经验,从他们的故事中学习和借鉴,获得他们的指导和建议。同时,通过这样的交流,朋辈间也能够建立联系,为未来的求职就业建立良好的人脉。例如,上海市黄浦区人社局制作的一系列视频,包括"朋辈引领"的方式,以其特有的方式帮助年轻人选择职业,提供职业梦想的指引,也非常值得借鉴。这些都为同龄人之间的就业交流沟通提供了良好的平台和渠道。同时,参加如闽台青年创业就业研习营等活动,更能深入了解产业合作新模式,学习地方挖掘特色文旅资源的经验,以此为自身的就业提供更广阔的视野和思考空间。

四、生涯人物访谈

生涯人物访谈是指对各领域有所成就或有借鉴意义的人进行访谈,包括但不限于杰出校友、各学院优秀毕业生、领域人物代表。生涯人物访谈有以下几点意义:一是帮助学生了解一个行业、职业和单位的内部信息,具体来说,此种方式可以帮助学生了解与未来职业相关的精准信息;二是为求职者提供实现目标的路径,以及在追求目标过程中可能会遇到的困难及风险应对的建议和指导;三是使学生能够找到自己喜欢的领域,并通过不断努力和学习,为自己的未来职业生涯打下坚实的基础;四是帮助学生进行职业探索和职业环境认识,进行有效的职业生涯规划;五是通过与职场人士的交流和学习,学生可以了解和掌握未来的职业趋势和发展方向,使学生在求职过程中更加有竞争力;六是让学生了解到学历的重要性,并鼓励学生掌握和提高自己的专业基础理论知识,为未来的职业生涯做好准备;七是为学生提供一个机会,让他们能从一个行业的老手那里获取经验和建议,以此提高他们的职业素养。

生涯人物访谈流程主要分为以下几个步骤:一是制订生涯人物访谈计划。首先,制订一个清晰的生涯人物访谈计划,包括访谈的主题、访谈对象的选择、访谈的时间、地点等。二是选择合适的访谈对象。在选择访谈对象时,需要确保他们在该行业中有足够的经验和洞察力,能够提供有价值的信息。同时,需要考虑访谈对象的职业背景、经验、教育程度等因素,以确保他们能够回答问题并提供有针对性的建议。三是进行电话或面对面访谈。确定好访谈对象后,可以通过电话或面对面的方式进行访谈。在访谈过程中,需要明确目标,提炼访谈要素,做好充分的准备工作。同时,可以通过提问的方式来获取更深入的信息,如询问访谈对象的职业发展路径、挑战和成功经验等。四是记录和整理访谈记录。在访谈结束后,需要对访谈记录进行整理和记录。可以使用笔记本或其他记录工具,记录访谈中的重要信息和建议。五是分析和总结访谈结果。对访谈记录进行分析和总结,归纳出访谈对象的职业发展路径、挑战和成功经验等方面的信息,并结合自己的职业规划和目标,制订适合自己的职业发展计划。六是参考和评估访谈结果。参考访谈记录,评估和检验自己的职业规划和目标是否合理,是否符合自己的实际情况和兴趣。同时,可以将访谈记录中的一些经验和建议,作为自己职业发展的参考。

第四节　生涯咨询与辅导

职业生涯咨询与辅导是帮助个体了解自我、理解职业市场及发展趋势,解决职业发展问题的有效方式。团队辅导和"一对一"生涯咨询作为职业生涯咨询与辅导的主要方式,对学生的发展和职业生涯规划都具有重大意义。在团队辅导中,学生在团队人际互动的过程中相互促进,能让个体在团体中实现自我成长。相比之下,"一对一"生涯咨询则更注重个性化指导和服务。因此,团队辅导和"一对一"生涯咨询都是高校就业指导与服务中不可或缺的部分。它们既可以提高学生的自我认识和自我价值,增强学生的职业意识和职业素养,也能促进他们的人际关系和情感成长。

一、团体辅导

团体辅导是职业生涯辅导的重要形式,它既是体验式学习,也是结构性练习,是基于具体的职业问题,进行生涯唤醒、自我探索、工作世界探索和决策行动与生涯管理的活动[①]。

团体辅导是一种基于团体动力学理论的辅导方式,在团体中,个体的行为经验,会因为团体成员间的互动,产生顿悟,进而变成个人与团体的成长经验。并且,正因为人是一种社会性动物,渴望与其他个体或群体产生关联,从而获得温暖和爱,即归属感。在团体动力学理念下,团体辅导者坚守两个基本信念:社

---

① 龚宇平,梁丽.大学生职业生涯规划团体辅导研究[J].学校党建与思想教育,2013(7):82-84.

会的健全有赖于团体作用和科学方法可用以改善团体的生活①，如此便开展科学化、社会化的团体辅导。

团体辅导具有情境性、交互性和教育性三个特点。一是情境性，团体辅导相比于生涯发展与就业指导课程、生涯比赛等活动，具有更强的情境性。团体辅导活动的开展，常常基于一个或几个具体的生涯发展问题。在问题解决中，进行小组合作、角色扮演、情景再现、集体分享等活动。通过活动的开展，帮助学生更好地投入到问题的解决过程中。并且，在小组合作的过程中，基于问题情境，展开合作，也更能增进同伴关系，提升合作能力。二是团体辅导具有交互性。团体辅导是一种群体性活动，具有较强的互动性。不仅有学生与学生之间的互动，还有老师与学生之间的互动。团体辅导的互动性相较于讲座、课程的互动性更强。且为了更好地融入彼此，让大家能够迅速投入到团体辅导活动中来，正式辅导前也会有破冰游戏，帮助个体进行交流、互动，建立彼此的联系，增强活动的交互性。三是教育性，团体辅导旨在提升学生的生涯规划能力、培养个人优秀品质，具有一定的教育性。一方面，团体辅导的问题是经过专门设计的、有价值的，在问题的解决过程中，能够提升学生的核心竞争力。另一方面，通过团体辅导的合作，学生能够学会与人沟通、印象管理和自信表达等多方面的技能。这些都体现了团体辅导的教育性。

团体辅导作为一种常用于心理咨询的技术受到各大高校的关注。许多学校借助心理咨询中的团体辅导开展生涯规划教育工作。在团体辅导活动的开展中，也就需要辅导老师具有较强的心理学、教育学、管理学等知识技能。不仅需要自身技能的提升，还需要将团体辅导与课程、"一对一"生涯辅导有机结合。

高校实施生涯规划相关团体辅导活动要注意以下三点。首先，增强团体辅导带领者专业素质。高校应组建一批专业化生涯规划与就业指导教师团队，在生涯导师团队中选拔一支团体辅导带领教师队伍。团体辅导教师不仅要掌握心理咨询、团队咨询辅导等相关知识技能，还需要精通生涯规划的相关理论和实践技能，基于心理测评、团体辅导，帮助学生解决生涯规划中存在的难题。其次，将团体辅导与课程教学相结合。与课程一样，团体辅导也具有较强的教育

---

① 卢丹,孙华峰.团体动力学视域下高职院校学生资助工作的思考与实践[J].中国职业技术教育,2018
　(31):54-58.

性。因此,团体辅导可以作为课程教学的辅助,针对生涯课程教学中的难点和现实痛点,单独开展团体辅导活动,集中团体力量,进行头脑风暴,解决现实问题。最后,将团体辅导与"一对一"生涯咨询相结合。团体辅导是针对大学生群体在生涯规划或就业过程中,遇到的类似问题展开辅导,其针对群体范围较广,问题较为统一,开展团体辅导,有助于高效解决问题。但是,大学生在生涯规划中,依旧存在个性化需求,个性问题的解决很难仅依托课程教学和团体辅导,还需要借助"一对一"生涯咨询。所以,团体辅导也需要和个性辅导相结合,二者取长补短,最大程度发挥其效用。

二、"一对一"生涯咨询

"一对一"生涯咨询旨在满足学生在生涯规划过程中的个性化需求,在"一对一"生涯咨询中,帮助学生更好地认识自我,不断地进行自我探索。它也能使生涯规划与就业指导工作更有针对性、实效性[①]。

"一对一"生涯咨询是精准化就业指导的重要方式,应该始终坚持满足个性化需求的原则,在应用过程中以个性化为出发点与落脚点,精准地促进学生的个性成长。处于不同成长阶段的群体面对的生涯议题不尽相同,但对于大学生群体而言,他们的生涯议题主要集中在定位、适应、平衡、学业/职业规划等方面。国内不少高校实行大类招生,到大学二年级学生对所就读大学和专业比较了解之时再进行专业分流;高校设有专业转入转出机制,学生对就读专业不满意时,可以考虑本科阶段转专业或读研时跨专业报考,在这些情景下关于专业如何选择的生涯咨询需求就会增加。生涯适应问题主要发生在个人生涯角色及生活环境发生重大改变时,入学的新生刚刚从高中高强度、高压力的环境中走出来,进入相对宽松的大学,拥有了大学生的新身份,对大学的学习、生活都比较陌生,需要时间适应。不少学生填报大学时甚至实现了"乾坤大挪移"——从寒冷的北方考到了炎热的南方,或从干燥的西北来到了潮湿的西南,这种地理环境、人文环境的迥异也会导致生涯不适应症候的出现。平衡也是大学生常见的生涯议题,大学生除了学习外,还需进行充分的社会实践,不仅是学习者还

---

① 钱玉婷,胥青.基于职业生涯规划下的个性化就业指导体系探究[J].教育与职业,2014(35):
113-114.

有可能是学生干部、恋爱者、公益者等,当这些角色因为时间、精力有限,无法兼顾时就会出现多任务管理、角色冲突的生涯议题。

"一对一"生涯咨询在生涯规划与就业指导中表现出了较大的现实需求,由于需求对象囊括了各个年级的专科生、本科生、研究生,因此咨询师资源可能出现短缺现象。随着来访学生增多,咨询师团队也应该壮大。为了更大程度地利用学校资源,学校各二级学院可以在学院内部选拔一些老师,经过专业的生涯咨询培训执证上岗,针对本学院的学生做专业的"一对一"生涯咨询。此外,需加强对生涯咨询的跟踪监测。"一对一"生涯咨询能帮助学生解决生涯规划和就业指导等多方面的问题。但是,由于个体和社会大环境的不断变化,学生生涯规划目标定位不准确,求职意向不明确。对考公、考研、就业或创业等多个就业方向不明确,常常随大流呈现茫然状态,更有甚者为了能够就业,每一个方向都想尝试,但是每个方向都收效甚微。因此,对"一对一"生涯咨询的来访者进行定期追踪回访就非常必要。

第五节　就业权益维护

从多年来的实际情况看,即将踏入职场的应届大学生普遍专注于制作个人简历、搜集招聘信息以及为面试与笔试做好充足准备,却忽略了对相关就业法律、法规以及规章制度的深入理解与掌握。加之社会历练不足、自我保护意识薄弱、就业环境竞争激烈且市场体系尚待完善等多重因素,导致部分毕业学子在求职过程中轻易落入形形色色的陷阱。在此形势下,每一位即将踏入社会的毕业生都应该以更加主动和积极的态度去深度理解并灵活运用国家关于就业领域内的相关法律法规、政策机制,时刻保持清晰理智的思维模式,学习如何充分利用法律手段来捍卫自己应有的合法权益,避免遭受不必要的侵犯损害。

一、就业权益维护讲座

毕业季是高校毕业生与用人单位签订劳动合同或三方协议、陆续离校上岗的高峰期,为提高毕业生的自主维权意识,充分保障毕业生合法权益,高校应为学生开办就业权益维护讲座。例如,柳州职业技术学院举办了第二场"匠心筑梦·职引未来"2023届毕业生就业指导专题讲座:《大学生劳动权益保障》。初入职场,大学生对于如何正确维护自己的合法权益这方面存在知识盲区,其相关法律意识还较为薄弱。此次讲座高度贴合毕业生求职就业需求,有助于同学们深入地了解劳动法及大学生相关权益,增强自身的维权意识和就业防范意识,有效帮助同学们更好步入社会。

就业权益维护讲座旨在提高大学生的就业权益意识和能力,包括但不限于以下内容。一是公平就业机会:详细讲解平等就业权是劳动者的基本权利,劳动者享有公平就业机会是其人格独立和意志自由的表现。不合理的就业歧视,例如基于地域、性别、年龄等因素对劳动者进行选择,是不被允许的。二是工资和福利待遇:详细讲解如何计算、争取和维护自己的工资和福利待遇。用人单位应依法保障劳动者的劳动报酬、社会保险等基本权利,包括试用期内用人单位需要为大学生缴纳社保等。三是劳动合同和合同条款:详细讲解劳动合同的性质和意义,以及如何阅读和理解合同条款。特别强调要避免陷入不合理的就业陷阱,如签订霸王合同等。四是职业发展和培训机会:详细讲解如何争取和利用职业发展和培训机会。包括如何提升英语水平、公务员考试成绩、IT技能和综合素质等。五是加班和请假制度:详细讲解如何计算、争取和维护自己的加班和请假权利。用人单位应严格遵守国家法律法规,如《中华人民共和国劳动法》《中华人民共和国劳动合同法》等,保护劳动者权益。六是健康和安全保障:详细讲解如何维护自己的健康和安全,并了解用人单位应该承担的法律责任和义务。七是劳动争议和解决方案:详细讲解如何处理和解决劳动争议。强调法律手段的重要性,学习如何利用法律手段保护自身权益,如通过权益保障中心提供的一站式服务解决劳动争议。

二、就业权益维护情景模拟

就业权益维护情景模拟和案例分析的意义在于提供实践操作和具体问题解决的方案,以情景模拟和案例分析的方式可以带给学生更真实、直观的体验感受。以广州市总工会编印的《广州工会维护新就业形态劳动者权益典型案例》为例,通过工会律师依据劳动关系的实质特征认定用人单位与劳动者存在劳动关系,并通过调解达成了劳动者的诉求。这些案例对于大学生了解劳动关系中的权利和义务以及如何应对权益维护问题都有着重要的参考价值。所以，在就业指导培训活动中加入就业权益维护的情景模拟和案例分析，不仅可以帮助大学生明确自己的权利和义务，也可以锻炼他们实际应用的能力，更好实现自己权益维护。以几个情景为例：

情景一：工作时间和休息日

[询问者]：你好，我是一名工作时间为每周工作40小时，包括8小时的休息时间的工人。请问，我是否有权利要求按照劳动法规定，在休息日中享受法定的休假权益呢？

[回复者]：根据法律规定，劳动者有权要求享受法定的休息日，这是维护劳动者就业权益的重要组成部分。同时，为了保障劳动者的休息权，法律也规定了各类企业必须遵守，如存在违反的情况，劳动者可以通过调解、仲裁和诉讼等方式维护自身权益。

案例分析：在这个情景中，如果企业未遵守劳动法规定的工作时间和休息日，劳动者可提出调解，要求企业在30天内解决争议，如果超过期限则视为调解失败。如果调解不成，劳动者可以申请劳动仲裁或法院起诉。

情景二：工作岗位和工作内容

[询问者]：你好，我是一名软件工程师，公司安排我完成的任务经常超出我的能力范围，并且没有提供必要的培训和支持。这是否属于就业权益维护的范围？

[回复者]：是的，这涉及劳动者的工作岗位和工作内容的问题。法律规定，劳动者有权利要求企业提供符合其能力和技能水平的工作岗位和工作内容，同时也有接受必要的培训和支持的权利。

案例分析：在这个情景中，如果劳动者认为企业没有提供符合其能力和技能水平的工作岗位和工作内容，同时也没有提供必要的培训和支持，劳动者可以向劳动监察机构或律师咨询相关法律依据，并寻求合法的解决途径。

情景三：工资和福利待遇

[询问者]：你好，我是一名普通的工人，工资按照劳动合同的约定进行发

放,但我发现我的工资水平并没有达到当地的最低工资标准。请问,我是否有权利要求企业对我的工资进行调整?

[回复者]:是的,劳动者有权要求企业按照当地的最低工资标准对其工资进行调整。如果企业违反这些规定,劳动者可以通过调解、劳动仲裁或法院起诉等方式来维护自身权益。

案例分析:在这个情景中,如果劳动者发现自己的工资并没有达到当地的最低工资标准,可以向劳动监察机构或律师咨询相关法律依据,并寻求合法的解决途径。如果解决问题需要诉诸法律,劳动者可以在仲裁裁决生效后15日内提起诉讼。

第七章　高校精准化就业指导与服务体系的管理保障

高校精准化就业指导与服务是以"精准化"为工作理念,以促进学生就业和全面发展为工作目标,在大学生就业形势政策下开展精准化的就业服务、管理和帮扶,最终实现高质量的高校就业指导与服务工作。[①] 早在 2015 年,《教育部关于做好 2016 届全国普通高等学校毕业生就业创业工作的通知》中就已经明确提出要"建立精准推送就业服务机制"。[②] 不难看出,高校精准化就业并不是一个全新的事物,在新的时代背景下,面对经济下行带来的高校就业指导严峻挑战以及高校学生自身多元化的就业需求,精准化就业理应成为高校就业工作的基本追求。具体而言,全面推进高校精准化就业指导与服务体系(见图 7-1)的构建,离不开精准化就业指导与服务体系的管理保障,因此,应从多方面、多途径出发探析其管理与保障措施。

---

① 黄洁.高校精准化就业指导与服务工作的内涵、价值及路径[J].教育与职业,2022(13):108-111.
② 王珊.关于构建全程化学生职业发展与创新创业教育体系的思考[J].中国大学生就业,2019(14):60-64.

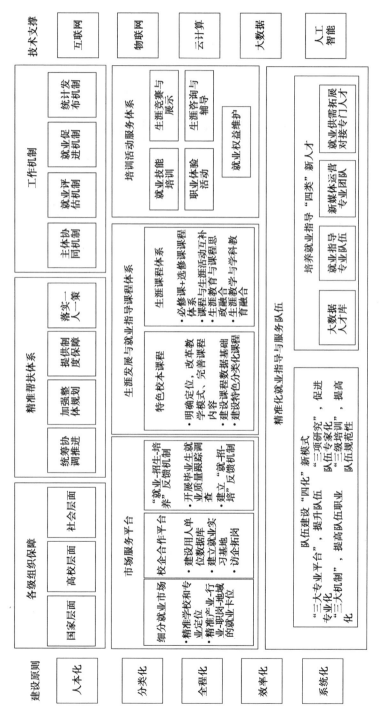

图 7-1 高校精准化就业指导与服务体系

第一节　高校精准化就业指导与服务的保障措施

高校精准化就业指导与服务工作的开展离不开相应的条件保障。要在新的形势背景下推进高校就业指导与服务工作的顺利开展，必须通过精准化的就业分析、就业指导、就业帮扶、就业反馈而形成的闭环就业指导体系，才能够实现高质量的就业。[①] 在高校精准化就业指导与服务中，各级不同主体的重视和支持、科学和合理的顶层支持、各级各类体制机制通畅是就业工作顺利开展的保障。

一、完善相关就业政策，加强各级组织保障

当前，面对我国经济的总体增长速度逐渐变缓的现实状况，我国高校学生就业存在众多不确定性与不稳定性因素，就业场域内的内卷化现象越来越突出，高校学生就业面临着重大挑战。因此，需要转变传统的"粗放型"就业指导模式，转向"精准化"的就业指导与服务。高校精准化就业指导与服务体系的构建是一个长期性与系统性的过程，当前，国家与高校以及其他各级主体都十分重视与支持高校就业指导与服务，坚持以"精准化"为发展理念，明确各级主体的责任担当，把高校毕业生就业工作作为促进国家经济发展以及高校人才培养的重要环节，并采取了诸多举措。

（一）国家层面：强化政策支持

促进就业是实现国家经济发展与社会稳定的重要手段，就业问题一直是国家十分重视的关键问题。国家一直以来都非常重视高校学生就业指导，把就业工作始终放在重要的位置。党的十九大报告指出就业是最大的民生，高校毕业生作为社会整个就业群体的重要组成部分，其就业问题始终是国家整个经济工作中的重要内容。为了推进高校就业工作取得实质性的成效，国家一直不断拓展高校毕业生就业的渠道，把高校就业指导与服务工作放在重要的位置。为了进一步推进高校毕业生就业工作，教育部高校学生司（高校毕业生就业服务司）

---

① 王永珍.高校精准就业指导的核心要义和实践路径[J].思想理论教育,2021(8):98-102.

新增了 18 个编制岗位。2022 年 11 月，教育部还特地发布了《教育部关于做好2023 届全国普通高校毕业生就业创业工作的通知》，针对拓展就业渠道做出了明确的指示，为高校毕业生开辟了广阔的就业途径。文件还指出要发挥国家相关政策性岗位的作用，组织开展好"三支一扶"、"西部计划"等在内的基层就业工作。国家采取了建立高质量的就业指导与服务体系，维护好高校毕业生的就业权益，同时精准开展重点群体实名就业帮扶，针对家庭困难以及特殊情况的高校毕业生进行"一对一"的帮扶指导等多种举措。

此外，国家其他各部门也积极响应号召，协力推进高校毕业生就业工作。如包括人社部在内的十个部门开展了百万就业见习岗位募捐计划，向研究型大学、龙头企业、事业单位在内的各个主体募集岗位。募集见习岗位六十八万多个，组织见习五十余万人。为未就业的毕业生或者登记失业的青年以及有意愿的高校毕业生提供高质量的就业见习岗位，帮助高校毕业生在实际工作经历中提升自我的专业技能与巩固专业知识，为更好地就业奠定基础。除了提供相应的见习岗位外，国家还积极给予资金层面的支持，向满足条件的高校毕业生发放一定的资金补贴。如教育部积极配合财政部等多个部门实施开展一次性扩岗补助政策，中央财政还支持招募三万多名高校的毕业生。除了以上的举措，国家还针对不同的地区与高校的就业工作开展做了整体的部署，并制定了系列政策文件。

（二）高校层面：精准体系构建

高校也十分重视毕业生的就业工作。高校党委书记、校长及学校其他领导班子亲自部署指挥开展高校就业指导工作，不同的主体各司其职、协同发力，积极履行就业工作的职责与使命。具体而言，高校就业工作领导者在完成好日常化就业指导工作的同时将与创新性就业指导相结合，持续更新就业指导与服务的理念，勇于尝试与实验，不断探索与找寻新的工作方法与模式，提升了就业指导与服务的工作成效，帮助更多学校实现高质量的就业工作，在精准化就业指导与服务工作中积极发挥主导作用。此外，高校特别设立了职业发展与就业指导中心来统管高校毕业生的就业指导、服务、管理等问题，负责收集、统计毕业生资格审查，发布用人单位岗位需求信息以及在校学生的个性化咨询辅导等工作。此外，高校还充分发挥在学生就业核心竞争力培养环节中的积极作用，积极开展职业技能培训，不断提升学生的专业知识、专业技能、专业实践与创新能力。组织开展"校园招聘月""就业促进周""就业技能大赛"等系列活动,以多种形式提升了高校毕业生的就业水平与能力。

高校书记与校长积极深入到用人单位一线,为学生就业进行岗位筛选与岗位调查,与用人单位之间建立起了密切的联系,将更多的企业以及其他用人单位引进学校,搭建起学生与用人单位之间的桥梁。高校职业发展与就业指导中心还有专门团队来负责管理高校毕业生的就业工作,如有些高校特别设立了处长与副处长来全面主持与分管工作,并设立就业指导与管理科、市场拓展科等多个部门来负责不同的就业工作。形成了就业指导与管理、毕业生就业市场拓展、对外宣传与信息报送等系统性的指导与服务环节。此外,高校还设立了日常校园招聘接待服务的场所以及宣传与讲解场地,给用人单位在校内开展招聘活动提供了专门场所,也为用人单位与毕业生之间提供了一个交流沟通的平台。用人单位可以在场地里开展现场面试、询问了解、介绍宣传等活动,也向毕业生提供了深入了解用人单位的机会。

(三)社会层面：优化招聘组织

社会各个主体也十分关注与重视高校毕业生的就业工作,尽可能地为高校毕业生规避就业风险,向大学生就业提供优良的就业机会,并营造良好的就业环境。

面对高校毕业生自身拥有的专业知识与企业要求之间的巨大差异,大学生对自我的职业规划、职业定位不准确,企业不断增加与提高用人标准等客观问题,社会主体应积极展开系列活动。一是企业积极利用数字技术与智能平台发放就业岗位信息,使高校毕业生能够有针对性地选择适合自己的岗位。不断提升高校学生自身拥有的专业素养与企业职业岗位之间的匹配度,避免企业过分提高用人的标准,帮助高校大多数学生有机会进入相应的工作岗位。同时及时向高校反馈学生的发展情况,加强与高校之间的交流与信息反馈。二是企业及时将所需岗位人才的需求、对相应岗位人才所需的技能等相关就业信息传送给高校并公开发布出来,帮助高校及学生提前全面了解相关的就业信息。同时向高校及时反馈往年招聘学生的工作与岗位适应情况,向高校及时传达与反馈人才培养的信息,以及时满足市场对高校的用人需求。各行业和学校间进行有效的互动与反馈,针对人才是否满足供应与需求,人才培养的专业、素养是否与企业的岗位要求相匹配,帮助高校明晰市场对人才的具体要求,有针对性地制订相应的技能训练与提升高校学生的就业核心竞争力。三是企业立足自身的定位，合理设置多元化的就业岗位，满足不同学生的就业诉求。同时企业以更加包容与开放的心态来对待刚进入社会工作的学生，为他们提供更多的发展机会，不断训练与提升他们的专业技能，增强高校学生的就业信心，让他们获得更多的职业幸福感。

二、加强顶层设计，健全精准帮扶体系

顶层设计是指站在战略的制高点，对特定领域范畴进行高层次、前瞻性的整体系统规划与设计。高校毕业生就业指导与服务工作要立足于全局，从全局性出发，对各要素进行统筹考虑与目标性规划。推进高校精准化就业指导与服务是一个系统性的复杂工程，必须通过科学合理的顶层设计才能够为高校精准化就业指导工作指明前进方向。只有加强顶层设计，站在一定的高度不断拓宽视野，才能够抓住高校精准化就业指导工作中存在的根本性问题。

（一）坚持党的领导：统筹协调推进

高校就业服务体系的完善有利于提升高校毕业生的就业数量以及大学生的就业质量。[①] 首先，要始终坚持以习近平新时代中国特色社会主义思想为指导，各级各地要认真贯彻落实党中央、国务院的决策部署，积极响应与拥护国家层面制定颁发的相关政策制度。同时，发挥高校在就业工作中的组织领导作用，要结合高校最新的就业指导形势，研究制订相应的就业指导工作体系。其次，各地各高校要为落实精准化就业指导与服务工作提供机构、人员、场地、经费保障，在相关标准与要求的基础上，不断完善高校"一对一"指导、特殊困难群体就业指导等在内的相关制度与标准，制订考核评价办法，设立专项帮扶资金，促使高校精准化就业指导与服务工作有章可循、有规可依。最后，各地各高校要把推进精准化就业指导与服务工作放在突出位置，在高校精准化就业指导与服务工作中，主要负责人员要亲自部署，发挥自身的主导作用，分管人员要积极配合与靠前指挥，积极承担起自身的就业指导与服务职责，将高校就业的责任落实到各学院的领导，积极发挥高校不同类型不同主体的作用，在统筹部署的基础上将高校毕业生精准化就业指导与服务工作落到实处。

① 王川.高校"链条式"就业服务体系"耦合效能"提升策略[J].学校党建与思想教育,2017(7):75-76.

（二）坚持系统思维：加强整体规划

当前,高校毕业生就业矛盾凸显,个体在就业期望与现实之间的落差与矛盾凸显,高校毕业生的就业结构性失衡问题较为突出,需要加强高校就业育人工作。[①] 高校毕业生是促进国家经济政治发展的重要人才资源,为了更好地推动高校毕业生的就业,国家、地方与高校对高校毕业生就业实施了统筹部署与整体规划。近年来,党中央、国务院十分重视高校毕业生的就业工作。习近平总书记在党的二十大报告中特别指出要强化就业优先政策,健全就业促进机制,促进高质量充分就业。系列政策文件的颁发既表明了高校毕业生就业的重要意义,也突出了国家从宏观层面对高校毕业生就业工作指明了发展方向。此外,为了更好地落实党中央、国务院的决策部署,教育部实施了"2022 届全国普通高校毕业生就业创业促进行动",制订与颁发了系统的政策机制来促进高校毕业生就业,通过建立健全就业创业促进机制,开展重点群体就业帮扶,推动就业创业工作提质增效。各地各高校为了促进高校毕业生就业也要进行整体布局与系统谋划,注重营造健康积极的就业环境与氛围,以规范与支持毕业生就业形态。高校要成立专门的就业工作小组,校党委书记与校长出任就业指导小组组长,设立相关的行政部门与工作人员来统筹高校毕业生的就业指导与服务。高校书记与校长也要走进用人单位,与用人单位建立互访制度,积极推进构建大学生就业服务平台,实现高校毕业生之间岗位信息的共享。高校作为毕业生精准化就业指导与服务的重要主体,要强化生涯发展与就业指导课程的设置、就业人员部署与管理等方面的系统性规划。

（三）完善政策体系：提供制度保障

促进高校精准化就业指导与服务既是缓解高校毕业生数量不断增加与用人单位岗位有限之间矛盾的重要方式,也是充分尊重不同高校毕业生的不同就业需求的集中体现。近年来,党中央与国务院出台了多个关于促进高校毕业生就业的政策文件,这些政策文件旨在为高校的毕业生就业指导与服务工作指明确切的发展方向。但是,在实际的实践过程中,高校就业指导工作的顶层设计与实践探索之间存在脱节。高校就业指导工作人员大多停留在传统的就业指导思维与方式中,没有将精准化作为高校指导工作的核心理念,也未能正确识

---

① 任丹.论高校就业育人体系的构建[J].学校党建与思想教育,2023(8):70-72.

别与掌握高校毕业生的就业形势,导致当前高校的就业指导工作成效不够突出。因此,要积极借鉴发达国家利用司法条例为学生的权利与义务提供保障的做法。发达国家积极发挥政府宏观调控的作用,致力于通过法制为大学生提供更好的就业环境以及就业机会,但我国关于大学生就业的权益保障仍然不够健全。① 当前,关于高校毕业生就业指导与服务的相关制度机制主要集中在高校就业促进机制、统计发布机制等层面。因此,要从整体宏观的视角来推进高校毕业生就业工作的实施与开展,对重点群体进行就业帮扶、"一对一"就业指导等在内的毕业生精准化就业指导机制的重视与完善,使得在高校就业指导与服务工作中精准化指导的意识与理念深入人心。

(四)开展精准帮扶:落实一人一策

2013 年,习近平总书记在湘西考察工作时提出"精准扶贫"工作概念,强调以"精准化"作为工作思维促进高校就业帮扶工作。2016 年,教育部办公厅下发《关于开展全国普通高校毕业生精准就业服务工作的通知》,高校通过开展精准就业服务工作,对高校家庭经济困难学生做好"精准岗位信息推送"工作,保障经济困难学生稳就业。2022 年 6 月,习近平总书记来到四川宜宾学院进行考察调研时,对毕业生就业情况十分关注,他强调,"党中央高度重视高校毕业生就业,采取了一系列政策措施。当前正是高校毕业生就业的关键阶段,要进一步挖掘岗位资源,做实做细就业指导与服务,学校、企业和有关部门要抓好学生就业签约落实工作,尤其要把脱贫家庭、低保家庭、零就业家庭以及有残疾的、较长时间未就业的高校毕业生作为重点帮扶对象"。为促进社会公平,构建和谐社会环境,办好民生工程、民心工程、根基工程是社会稳定的重要保障②。高校精准化就业服务要切实关注就业帮扶群体,更要聚焦就业帮扶群体的现实需求,促进就业困难群体顺利就业。

首先要提高政治站位,把握"精准"原则。高校就业工作的开展要始终坚持人民至上的理念,践行以人民为中心的发展思想,牢记全心全意为人民服务的初心和使命。高校家庭经济困难学生的就业工作是高校就业工作的重中之重,要提高政治站位,为帮扶群体就业保驾护航,把握"精准"原则,做好就业保障服

① 周正颐.中外高校大学生就业机制的比较分析[J].中国成人教育,2017(2):74-77.
② 何韶华,张博宁.高校家庭经济困难学生精准就业帮扶工作探析[J].现代商贸工业,2023(23):87-89.

务。精准原则包括目标精准、过程精准、保障精准。目标精准是要明确坚持底线思维，保障家庭经济困难学生能够顺利就业、稳定就业和高质量就业。过程精准是指在就业帮扶过程中针对学生特定的家庭背景、成长环境、兴趣、爱好和能力特长，在人工智能、大数据等新技术的驱动下，把握帮扶群体的个性化特征，对症下药，提供有针对性、及时性的个性化关照和帮扶指导。保障精准要求以政策落实为基础保障，在政策基础上，给予帮扶群体更多的情感帮助与支持。

其次，依托培养体系，注重"精准"帮扶。多维度精准化的生涯培养体系建设，旨在提高高校毕业生就业去向落实率，提升就业质量。培养体系中的重点关注对象是家庭经济困难学生群体，要注重体系课程内容的精准实施。课程体系中的第一课堂，要加强对帮扶群体课程学习动态化的监测，监测学生的学习动态、心理健康、生涯规划、就业意愿等多方面的学习情况。针对帮扶群体中存在的薄弱方面，进行定期、定点帮扶行动，帮助其达到课程育人目标。在课程体系的第二课堂中，高校可以针对帮扶群体开展"'一对一'生涯咨询"，在咨询中设定"一对一"帮扶计划，打好职前准备战。精准满足个性化发展需求，使得帮扶见实效，进而带动困难家庭的发展。

最后，落实工作责任，强调"精准"实施。就业精准指导与帮扶工作是一项系统性、长期性工程，需要联动多方力量，共同推进服务高效开展。有效化推进就业工作的开展，离不开各方的通力合作，离不开全链条服务，更离不开全过程衔接。工作责任的落实，一要各方主体明确自身职责，构建清晰精准帮扶全员协同网络，为工作开展做好前期准备工作。二要设定过程性评价机制，对就业帮扶领导班子成员，进行过程化考评工作，进一步加强工作责任落实，以便高效落实工作。

三、深化就业评价改革，完善相关工作机制

党的十九届四中全会指出要"健全有利于更充分更高质量就业的促进机制"，实现更充分更高质量就业需要更加完善的制度保障，更充分是指提供充足的就业岗位，更高质量是指满足高校毕业生对美好就业的向往，一个是"有没有"的问题，一个是"好不好"的问题[①]。推进高校毕业生精准化就业指导与服

---

① 应金萍.促进高校就业制度体系更加成熟和定型[J].中国高等教育,2020(6):45-47.

务既需要各级主体的重视与支持、科学合理的顶层设计,更需要畅通各类体制机制。高校精准化就业指导与服务工作是一个复杂性与系统性的工程,它涉及不同职能部门与不同主体间的协同合作。高校精准化就业指导与服务工作的开展需要掌握高校不同毕业生的职业意向、学生的性格特征以及兴趣特长,也离不开对不同职业岗位的调查评估。此外,高校精准化就业指导与服务聚焦"精准化"的理念内核,要求充分尊重高校毕业生的不同职业诉求,满足不同类型学生的职业期待。为了更好地实施与开展高校精准化指导服务工作,当前我国正不断构建与完善高校就业指导主体协同机制、就业科学评估机制、一生一策就业促进机制以及就业统计发布机制。

(一)主体协同机制

高校毕业生就业难问题需要通过国家的关注与帮扶、地方政府的配合与支持、高校的帮扶与支持、社会的关心与关爱以及高校毕业生自己的努力来解决。① 高校精准化就业指导与服务工作不是一个结果性的目标,而是一个漫长性的过程探索,其涉及多个部门与主体间的通力协作。一方面,高校精准化就业指导与服务需要校内多个部门的协同支持。高校精准化就业指导与服务工作需要调动与组织学校内部的教学工作部门、学生工作部门、安保部门以及各级学院等不同的主体来加以协助。高校毕业生拥有的就业知识、就业技能主要依赖于各级学院人才培养方案的实施以及教师的培养,高校毕业生专业知识与技能的评价则需要学校教学管理部门的协同配合,此外高校开展就业招聘活动以及就业竞赛等系列活动离不开学校安保部门对现场秩序的维护。另一方面,高校精准化就业指导与服务也需要社会各部门的协同联动。如人社部门、社会组织和公益机构、公安部门以及教育部门等在内的多个主体的联动协作。首先,高校精准化就业需要有充裕的岗位供给,企业是高校毕业生就业岗位的提供者,高校为毕业生提供多元化的就业招聘信息主要来自企业。其次,高校精准化就业指导涉及就业信息的及时发布与更新、毕业生信息的统计、企业相关信息的了解等方面的内容,需要高校就业信息部门与企业信息部门之间的协同。最后,高校毕业生的就业需求呈现出多样化,高校毕业生就业除了进入相关企业工作外,还可以进入一些政府部门与其他公益性岗位。因此,促进高校

---

① 刘畅,单中元.大学生就业难题需多方共解[J].人民论坛,2017(10):70-71.

精准化就业指导与服务工作需要完善不同主体间的协同机制。加强高校与高校各部门以及高校与社会其他部门之间的联结,通过建立协同机制,形成高校精准化就业指导与服务工作的最大合力。

(二)就业科学评估机制

科学评估贯穿高校精准化就业指导的全过程以及各个环节。促进高校精准化就业指导与服务离不开对高校毕业生的个性化特征评估、对用人单位的标准及需求评估,还有对高校毕业生就业情况的科学评估。高校毕业生就业质量评估体系要坚持以高校为主体,推进多元化的就业质量评价体系建设,并优化高校就业质量评价体系的路径和方法。[①] 首先,促进高校精准化就业指导与服务工作需要对高校毕业生进行个性化评估。高校毕业生自我的兴趣、就业意愿以及对岗位需求都不尽相同,全面了解高校毕业生的兴趣爱好、专业特长以及就业意愿需要对高校毕业生进行评估,为高校毕业生进入适合的岗位奠定基础。因此,要针对高校的每一位毕业生进行客观科学的职业能力、职业意愿评估,帮助高校毕业生及时了解自身的职业专长,找到适合自己的就业方向。其次,高校精准化就业指导与服务工作的开展还需要对就业市场的开发进行评估。就业市场的评估是为高校毕业生精准推送就业岗位的基础,只有在丰富的就业岗位基础上才能帮助个体找到以及筛选出适宜的就业岗位。因此,要注重就业市场的潜力评估,在市场大数据的基础上分析市场开发的类型,为就业市场的科学开发提供基础与保障。最后,还要对高校毕业生就业情况进行整体评估。通过问卷调查、访谈等多种调查方式了解高校毕业生就业后的情况以及用人单位对高校毕业生的评价,对高校毕业生的就业满意度以及用人单位的满意度进行评估调查,及时调整与优化高校专业人才培养方案,为开展精准化的就业指导与服务工作奠定基础。

(三)精准就业促进机制

高校精准化就业指导与服务工作区别于粗略化、泛在化的就业指导模式,它聚焦于满足高校不同毕业生的个性化需求,注重实现对高校毕业生就业的完美配置。促进高校精准化就业指导与服务工作需要构建一生一策就业促进机制。首先,要制订对高校毕业生"一对一"指导的机制。在全面了解高校毕业生

---

① 顾希垚,林秀娟.构建高校毕业生就业质量评价体系探析[J].思想理论教育,2021(7):108-111.

的兴趣特长以及职业意愿的基础上,利用大数据与新媒体建立一个大型的就业信息资源库,将每位高校毕业生的个人特长、就业意向等都融入这个数据库中,根据每位毕业生的不同特征与职业取向开展针对性的就业指导。其次,要建立对特殊困难的毕业生开展"一对一"指导机制。特别对贫困家庭的毕业生、就业困难的毕业生以及其他有特殊困难的毕业生开展"一对一"指导。要及时了解特殊毕业生的就业需求与就业情况,在岗位推动与就业指导中适当地向他们倾斜,开展专项行动来帮助他们找到适宜的工作。最后,要构建"一对一"就业帮扶机制。将高校就业指导工作分配给不同的主体,积极发挥高校行政领导、专业课教师、辅导员、毕业论文指导教师等不同主体的作用,将其与不同的毕业生建立起"一对一"帮扶的关系。如,可以给高校教师分配一个或者几个毕业生,一个教师负责少量的毕业生就业指导工作,这有助于减轻一位教师同时负责多名学生就业指导的负担,也可以全面深入了解不同学生的就业情况,及时开展就业指导,提升高校毕业生就业的精准性以及就业质量。

(四)就业统计发布机制

推动高校精准化就业指导与服务工作的开展要及时了解与掌握毕业生的就业情况,只有在全面准确地掌握高校毕业生就业总体情况的基础上,才能够针对未就业或者失业的毕业生开展就业指导与服务。首先,要完善高校毕业生就业进展情况的报送机制。高校要充分利用高校毕业生毕业去向登记与网上签约平台的作用,将高校毕业生的就业信息录入到系统中。并且要及时、准确地统计与更新高校毕业生的就业情况,帮助主体了解高校毕业生的就业去向,掌握未就业的毕业生情况。同时及时汇总与报送收集整理好的高校毕业生就业信息,确保高校毕业生就业信息的完整性与真实性,为向未就业的高校毕业生开展就业指导工作奠定基础。其次,要完善健全高校就业质量报告制度。高校毕业生的就业质量年度报告要全面反映毕业生的就业状况、就业工作进展、就业与招生和人才培养的反馈联动等情况。高校毕业生的就业质量年度报告是对高校毕业生就业情况的客观反映。借助这些报告,各大高校可以全面评估自身就业工作的实施情况,深入洞察就业与招生之间的互动反馈关系,并据此适时调整专业设置和人才培养策略,从而做出更为科学可靠的决策。同时,这也是引导高校精准化就业指导与服务工作后续推进的重要基础。

第二节　高校精准化就业指导与服务的队伍建设

高校精准化就业指导与服务工作是提高人才培养质量的内在要求、实现学生充分就业的必然选择、提升就业指导与服务水平的有效路径①。高校精准化就业指导与服务工作的顺利实施离不开一批专业人才队伍，促进专业人才队伍建设能够为精准化的就业指导与服务提供充裕的人员保障。

一、构建队伍建设"四化"新模式

为了全面贯彻落实党中央、国务院对高校毕业生就业工作的重要指示与指导意见，以及高校所隶属地各级党委政府的总体决策部署与具体实施方针，提升高校在学生就业指导与服务方面的整体水平与实际效果，我们应当将深化队伍建设作为实现改革发展的关键切入点，并在此基础上持续探索和实践"专业化、专家化、职业化、规范化"的新型发展模式。

（一）打造"三大专业平台"，提升队伍专业化

当前高校就业指导队伍的平台建设中存在一个重要的误区，即仅仅将该平台作为简单的培训信息发布的窗口，但为实现就业指导与服务的精准性、高效性，在就业指导队伍的平台建设中，应该强调平台的综合性和专业性。其建设目标应当是打造一个包括指导就业技能、技能培训，提供实践演练机会等多功能、综合性的就业指导人才专业成长平台，根据内容的不同可以分为认证培训平台、实践演练平台和能力提升平台。

第一，搭建认证培训平台。该平台主要承办由教育部相关部门组织的中高级职业指导师培训项目，同时还应积极联合国内外知名企业等合作伙伴进行多种就业指导资质的认证培训项目，这些项目力求做到所有的授课人员都持有相关证书上岗，确保每一堂课的质量得到保障，从而高效完成就业指导人员的专业资质培训。第二，设立实践演练平台。通过此平台，各高校可以组织教师积极参与全国范围内的就业创业教师课程创新设计大赛，为青年教师提供锻炼和

---

① 黄洁.高校精准化就业指导与服务工作的内涵、价值及路径[J].教育与职业,2022(13):108-111.

展示才华的宝贵机会。例如,重庆市教委将全市就业创业教师课程融入比赛之中,营造浓厚的学习氛围。最后,设立能力提升平台。该平台为就业指导人员提供更多走入行业企业的机会,实地了解企业运作并以在该企业进行挂职锻炼作为核心方式。例如,重庆市已经成功地建立起四家教育部命名的国家级实践基地,每年平均有200多位教师深入企业内部,全面充分地了解各种行业和职业情况,为提升自身的就业指导能力水平打下坚实基础。

(二)完善"三大机制",提高队伍职业化

专家库的组建,为高校的就业创业指导工作注入了新的活力,也为各大高校提供了丰富的人才资源。专家库更好地激发了广大教师的敬业精神与责任心,使其热衷于教育事业并热心投入其中,还培育出了一群富有实绩、能力卓越且具有广泛影响力的专家人才。为确保高校能从专家库中获得精准的指导与援助,理应采取一系列有力措施来保障队伍的活力和创新性。

首先,构建遴选考核机制。该机制应采取综合学生评估与专家评估的方式,对现有专家库的成员进行全面审核筛选,从高校中选拔出有丰富教学经验和实践经验的专家和来自企业的专业人士,组建起市级或省级就业创业指导专家库。在此基础上,教委应制定并发布相应的专家库管理文件,明确规定专家库成员的职责义务、运行机制和待遇保障,以确保专家库的高效运行和管理。其次,建立轮回巡讲机制。通过专家提供授课菜单,学校选课,学生评价的方式,由各教委牵头搭建高校巡讲平台,这样不仅能够提高高校毕业生的就业创业意识和能力,也为专家库的专家提供了更多的锻炼和提高机会。最后,设立调整机制。入库专家应该接受固定时间的工作考核,同时设置一些奖励机制和淘汰机制。对聘期内不参加培训、巡讲和转岗的人员进行淘汰,同时对积极参与各类学术研究和社会实践活动的专家库成员提供精神性和物质性奖励,以此激励他们为高校和企业的就业创业工作做出更大的贡献。

(三)开展"三项研究",促进队伍专家化

为提高就业指导队伍的研究能力,促进其专家化进程,各地高校可重点围绕三个方面开展研究,一是就业状况研究,二是咨政分析研究,三是职业教育研究。就业状况研究主要包括毕业生就业去向分析、毕业生就业质量分析、毕业生就业趋势研判等,目的在于了解毕业生的就业状况,为学校人才培养、就业管

理服务等提供科学依据,还可以在此基础上深入开展重点支柱产业对人才需求的专项研究。咨政分析研究是一种向政府进行政策建议或者提供咨询的文件,专家库专家主要针对高校就业领域的政策性问题,依据政策调研、分析和评估等数据与信息,向就业主管部门提供政策咨询或建议,为政府决策提供参考,如"十三五"期间高校毕业生就业结构性分析研究、高校毕业生"慢就业"心理与破解路径研究、高校就业困难群体就业特征及指导策略研究等。职业教育研究主要包括职业教育产教融合、校企合作的深度研究,目的在于提出以职教专业建设、课程改革、"双师型"教师队伍建设为核心,提高职业教育质量和服务产业发展的建议,如高职院校产教融合实训基地功能实现与绩效评价、产教融合视域下园林专业创新型人才培养模式研究等。通过以上三个方面的持续、集中研究,致力于形成一些具有较高学术价值和实际应用价值的研究成果,为提高就业指导队伍的专家化水平打牢科研基础。

(四)实施"三级培训",提高队伍规范性

为提升高校就业工作人员的综合素质和工作能力,高校可采取以下措施:一是通过分管领导培训,提升其管理水平。各地高校可联合教育委员会举办高校就业工作分管领导研修班,邀请教育部相关领导、全国顶级知名专家、学者授课,课程内容涵盖就业形势政策、创业政策解读、就业工作管理、学生职业规划等多个方面。通过这些培训,分管领导能够不断创新工作理念,拓展工作思路,明确工作目标,提升管理和服务能力。二是通过部门人员培训,提升其业务能力。以工作的基本操作流程和规范为重点,分学校对就业工作部门管理人员开展就业形势政策、日常管理和业务能力提升培训。通过这些培训,部门人员不仅能够了解就业形势政策,掌握日常管理和业务操作流程,还能提高业务能力和工作水平。三是通过辅导员轮训,提升其工作规范化水平。省教育厅可联合市人力社保局,投入专项资金,实施辅导员培训计划,通过这些培训,帮助辅导员厘清就业形势政策,掌握日常管理和业务操作流程,提高业务能力和工作水平。

二、培养就业指导"四类"新人才

高校精准化就业指导与服务工作的开展需要加速培养一批大数据专业人

才、就业指导专业人才、新媒体运营专门人才、就业供需拓展人才。

（一）组建大数据人才库

大数据时代,强调要构建由基本信息系统、信息分析系统、就业平台系统等构成的精准就业服务工作数据系统,并不断丰富大数据时代精准化就业服务工作的内涵与方式。① 数据是随着信息技术发展而诞生的产物。当前,随着智能技术的快速发展,数据已然成为一种全新的生产要素不断融入社会生产生活的各个领域中,也全面渗透到教育教学以及高校就业服务系统里。大数据不断融入社会生产、分配等各个环节,能够提高资源的配置效率,为社会生产带来便捷性与效率化。数据的出现与使用也影响着高校就业指导与服务工作的组织开展以及实际成效,赋予了高校精准化就业强大的动能。数据自产生起就拥有高渗透性、协同性、低成本复制性等在内的多种特性。大数据专业人才就是随着数据的产生而出现的一类人才的总称,是能够熟悉应用数据、掌握数据技术并从事大数据相关领域工作的专业型人才。大数据专业人才能够开展核心算法设计以及基于海量的数据进行分析,是当前社会比较紧缺的人才。

随着大数据的迅猛发展,市场对大数据专业人才的需求不断增加。一方面,高校精准化就业工作强调要结合不同学生的差异化背景与多元化需求,兼顾学生的个性发展,以准确分类、全面覆盖为核心要义,来开展分类就业指导与服务。② 由此可知,不同的个体由于自身生长环境与知识经验的不同,对就业岗位的诉求也呈现出不同。实现高校精准化就业指导与服务的前提是要充分了解不同个体的兴趣与爱好,为有针对性地采取就业指导与服务奠定基础。高校精准化就业指导与服务建立在对不同学生的个性发展、兴趣特长等的精准掌握与分析基础上。而对不同学生的精准分析与了解需要充分利用互联网、大数据、人工智能等新兴的智能技术。另一方面,互联网、大数据、人工智能等新兴技术的发展催生出了各类职业测评软件、数据库资源和信息平台,这为学生正确认识自我、全面了解国家的就业形势与政策提供了客观条件与信息保障。③ 借助多个信息平台,以及慕课、抖音短视频在内的小程序与软件向高校毕业生随时随地推送不同岗位的招聘信息,帮助学生在多元化的岗位中挑选出符合自

---

① 王美丽.大数据时代高校精准就业服务工作研究[J].思想理论教育,2016(6):84-88.
② 李晨希,刘慧.精准化背景下高校就业工作的转型研究[J].江苏高教,2019(9):102-106.
③ 王永珍.高校精准就业指导的核心要义和实践路径[J].思想理论教育,2021(8):98-102.

身需求的岗位。与此相对应,利用相关的智能软件来了解与掌握不同学生的兴趣爱好,并在信息平台及时更新推送相应的就业信息,保障智能平台的正常运营,都离不开大数据专业人员的实时操作与系统维护。因此,大数据专业人员在高校精准化就业指导与服务工作中扮演着重要角色。

人工智能与大数据的广泛应用,催生了新的就业模式和职业教育新生态,大数据专业人才在高校精准化就业指导与服务中发挥着举足轻重的作用。[①] 然而,由于智能技术的快速更新与变化,作为一门新兴的学科,当前大数据专业人才仍然处于紧缺状态。一方面,当前的大数据专业人才资源分布极度不均衡。受到经济发展以及政治文化的影响,大数据专业人才更多地集中分布在北京、上海、深圳等一线城市,其他经济水平相对落后以及产业发展不太理想的地区大数据专业人才较少。另一方面,从整体上看,大数据专业人才的结构面临优化,大数据人才的缺口也将持续扩大。大数据专业人才的培养与社会发展实际需求之间存在着突出的矛盾,大数据人才培养的数量与质量都难以跟上现实社会发展的实际需求,出现了"供不应求"的情况。对此,可通过创新高校培养模式,开设大数据人才培养的课程与相关专业、促进高校与企业合作培养,提升企业中数据人才的专业能力与水平等来加速大数据专业人才的培养。高校还要积极根据国家战略发展、社会公共服务建设的需求培养出需要的专业人才,提高高校人才培养与社会需求之间的关联性与一致性。为高校促进精准化就业指导与服务工作的开展奠定扎实的大数据专业人才基础,打造一批专业能力强、业务素质高的大数据专业人才,组建一支高校精准化就业大数据专业人才队伍。

(二)打造就业指导专业队伍

高校精准化就业指导与服务工作是一项长期性的、高要求的、系统性的工程,需要大量专业人才的支持。高校精准化就业指导与服务的开展离不开专业人才,具体而言,高校精准化就业指导与服务是提高就业质量、满足高校毕业生就业需求的新思路与新途径,作为一项区别于低质量的普遍性、泛在化就业指导与服务,它对就业指导人员的专业能力与素养具有较高的要求,需要一支高

---

① 刘洪超,滕鑫鑫,白浩.基于大数据的高校智能就业平台建设与应用[J].现代教育技术,2020(2):111-117.

质量的就业指导专业人才队伍。高校精准化就业指导与服务要求以精准化为理念,以促进学生充分就业和全面发展为目标,是高校在原来常规的、普遍的、大众的、粗放的就业指导与服务工作基础上变得更细致入微、更准确到位、更富有成效的过程。① 相较于兼职就业指导人员与普通的就业指导人员,就业指导专业人才是在新时代促进高质量就业背景下,全面掌握大学生就业政策形势、拥有丰富的就业指导经验、深入了解就业市场信息,并能够有针对性地开展就业指导工作的专门人才。

过去,大部分高校的就业指导工作主要由部分任课教师、专职辅导员或者学校内的其他管理人员负责,无论是高校生涯发展与就业指导课程的授受,还是高校学生就业服务信息的推送主要掌握在高校辅导员以及班主任手中。这些就业指导兼职人员作为就业指导与服务工作的组成力量发挥着自身的作用。但是由于这些人员没有学习过就业指导的相关知识,缺乏相关的专业背景,并没有得到过专业的就业指导技能培训,也缺乏相关就业指导的实际经验。例如,许多高校中的生涯发展与就业指导课程大部分由非专业人员兼任,但由于他们本职工作繁重,导致其难以有饱满的精力来开展相关就业指导工作,因此,高校毕业生的就业指导工作推进十分缓慢。此外很多就业指导教师在入职前,并没有足够的企业工作经验和自主择业、创业的实际经历,因此不能结合亲身经历让职业规划、创新创业课程变得更加生动。② 他们往往会忽视高校学生的个性化需求,高校就业指导与服务工作取得的成效甚微。因此,迫切需要一批专业化的就业指导人才来推动高校精准化就业指导与服务工作的实施。事实上,早在2002年,教育部明确指出要"努力提升就业指导队伍的专业化和职业化水平"。就业指导专业人才作为高校精准化就业指导与服务的基础与保障,在高校精准化就业指导与服务工作中扮演着重要角色。

就业指导专业人才能够全面精准掌握就业市场的形势,并基于自身的就业指导经验帮助学生做出适合的就业岗位选择,提供精准化的就业指导与服务。加强高校就业指导专业人才建设须实现就业指导师资的全员化与就业指导模式的创新,须在已有的基础上继续推进就业指导师资从专业化到职业化最终实

---

① 黄洁.高校精准化就业指导与服务工作的内涵、价值及路径[J].教育与职业,2022(13):108-111.
② 陈君."互联网+"创新创业教育与就业指导融合发展路径探究[J].职教论坛,2018(10):153-156.

现专职化,并将就业指导师资建设与辅导员队伍建设相结合。① 一方面,要加强高校就业指导人才的专业知识与实践技能。高校要实现精准化的就业指导与服务就要精准识别出每位学生的个性发展特征以及了解学生的就业需求。因此,这要求高校就业指导人员在深入走近学生的同时,要掌握相关的心理学、教育学等在内的基础知识,帮助学生明晰性格等特质,并及时引导学生规划适合自身的职业。此外,高校就业指导人员还要用自身的实践技能帮助在实践经验中缺乏训练的学生,为其找到适宜的工作岗位打好扎实基础。另一方面,高校要培养一批专门从事精准化就业指导的专家人才。加强对高校精准化就业指导与服务理论与规律的探索和研究,明晰高校精准化指导服务的理念,为高校开展精准化指导服务指明方向。此外,通过对高校精准化服务理论与规律的探索,形成相应的精准化指导服务体系,能够为更多高校开展精准化就业指导与服务工作提供指导,进而全面提升高校毕业生就业指导与服务的成效,推动高校高质量就业指导与服务。

(三)组建新媒体运营专业团队

随着现代网络技术的快速发展,微博、微信等新媒体已经成为高校学生获取信息、传递资讯和交流沟通的重要工具,在此背景下,为了进一步加强和改进高校就业指导与服务质量,提升就业指导与服务工作的精准化,探索基于新媒体构建大学生精准就业服务体系具有重要意义。② 新媒体的概念区别于自媒体、全媒体等其他媒体。新媒体一词最早源起于美国,它是一个相对的概念,具有相对性与历史性,受到智能技术不断迭代的影响,其内涵会伴随着媒体技术的更新发展而变化。新媒体具有自身的独特性,能够同时接收与发送信息,并通过相应的载体与用户进行互动与交流,表现出高度的互动性、非线性等特征。在当前的日常生活中,新媒体涵括了网络媒体、手机媒体在内的多种媒体形态,贯穿我们的日常生活,影响着人类的交往互动以及生活生产方式。新媒体的内涵具有狭义与广义之分。狭义的新媒体是指区别于传统媒体的新兴媒体,从广义来看,新媒体既包括了大量的新兴媒体,也涵括了在传统媒体基础上运用新

① 刘玺明,叶凯,赵劲.推动我国高校就业指导师资队伍建设的路径分析[J].现代教育管理,2014(5):74-78.
② 尚亿军,彭自力.新媒体视域下大学生就业服务精准化研究[J].学校党建与思想教育,2018(9):74-76.

技术而形成的新媒体形式。① 新媒体是指在数字技术等新的技术支持下而出现的一种传播形态。新媒体专业运营人才是指掌握新媒体运营理论知识,熟练掌握数字技术以及网络技术,并能够在新媒体产业各环节中开展相关工作的人才。

当前,高校毕业生就业指导与服务工作仍然呈现常规化、泛在化、统一化的特征,这种粗略化的指导方式难以满足高校毕业生的多样化需求,致使高校就业指导与服务工作面临重大问题与挑战,难以突破瓶颈。而新媒体的发展应用能够突破粗放型的就业指导与服务局限,为高校开展精准化的就业指导奠定基础。具体而言,新媒体就业服务平台有利于帮助学生进行职业规划和对学生进行就业观念的"灌输"引导,精确指导就业技能,精准推送就业信息,精细分类就业岗位。② 一方面,部分高校毕业生缺乏正确的职业规划与理念,往往会忽视自身的专业热点与兴趣爱好,盲目追求高薪资、高福利的大企业。高校可以利用微信、微博等新媒体平台,积极与高校毕业生进行互动交流,及时了解学生们的就业意向与就业理念,帮助学生分析自身的优势特长,帮助学生做出正确的、合适的就业选择。另一方面,利用新媒体可以搭建高校毕业生就业信息平台,促进高校毕业生与用人单位之间在信息平台上交流互动,并完成招聘签约等工作。此外,利用就业信息平台将高校毕业生的就业信息录入系统中,可以及时了解、精准反馈高校学生的就业信息,实时掌握高校学生的就业状态。而新媒体运营专门人才是实现这些工作的前提,无论是高校就业信息平台的建设,还是利用微信、微博帮助高校学生及时了解自我的兴趣爱好,都离不开一批专业的新媒体运营人才。

新时代,着力解决高校毕业生就业难与用人单位招人难的矛盾,必须在坚持传统工作模式的基础上,树立"精准化"的指导理念,实施精准化就业指导与服务,以促进高校精准化就业指导与服务供给方面的改革。过去受到现实客观条件的限制,高校无法精准掌握大量毕业生的就业需求,高校与用人单位之间受到物理距离以及经济条件的限制难以高效沟通交流,高校精准化就业指导与服务工作难以开展。在智能时代,新媒体网络能够帮助高校及时了解毕业生的

---

① 郁琴芳.家校合作视角下教师新媒体素养:内涵、结构与价值[J].教育发展研究,2015(24):79-84.
② 尚亿军,彭自力.新媒体视域下大学生就业服务精准化研究[J].学校党建与思想教育,2018(9):74-76.

就业需求,共享就业招聘信息,以促进高校就业指导与服务工作不断实现专业化、精准化。然而,随着新媒体产业的作用日益凸显,我国的新媒体专业人才呈现出"供不应求"。市场对网络、新闻、编辑等专业的新媒体人才需求量爆发式增长,用人单位招不到新媒体专业的相关人才现象较为普遍。因此,当前亟待培养一批懂得新媒体运营技术的人才,满足社会不同主体对新媒体人才的需求。具体而言,作为一门具有重大潜力的专业,国家要营造与优化当前我国的人才培养环境,为新媒体专业人才的成长提供政策性支持,加大对新媒体专业人才培养的资金支持。此外,高校还可以通过多途径引进新媒体专业人才,为新媒体专业人才搭建一个好的平台,为高校开展精准化就业指导与服务工作提供人才保障。根据不同地域、薪资、规模建立起分级管理机制,在利用大数据对海量就业信息进行整合和精细分类的基础上,建立匹配式的就业信息服务平台,满足个性化服务指导。①

(四)就业供需拓展对接专门人才

随着我国高等教育的扩展,我国高校的毕业生人数持续增长。从 2020 年的 874 万人,增长到 2022 年的 1076 万人,根据相关统计,2023 年高校毕业生的规模也将延续增长状态,预计将达到 1158 万人。我国当前已经建立了全世界最大的市场主体,市场对于劳动力的需求规模在全世界排名第一。在社会发展的大系统中,不同类型的企业、不同的岗位所需求的人才难以计量。高校毕业生的个性化需求被淹没在海量的用人单位招聘信息中。用人单位与高校不同主体在海量庞杂的信息下,难以实现精准的筛选。怎样帮助众多的高校毕业生在海量的企业单位中找到适合自己的就业岗位,以实现高校精准化就业指导与服务工作,是一项系统性、艰巨性的任务。而就业供需拓展对接专门人才就能精准对接高校与用人单位,实现用人单位需求与高校毕业生供给之间的无缝对接、深度对接与精准对接。就业供需拓展对接人才作为高校与用人单位之间的纽带与传输器,精准掌握着高校不同毕业生对于岗位的需求、不同用人单位对于招聘人才的标准以及企业急需哪些类别人才的总体情况。

就业供需拓展对接专门人才在对接高校与用人单位之间发挥着重要作用,

① 刘刚,刘俊辉,缪祥礼.新媒体是提高就业服务精准性的必由之路[J].教育教学论坛,2016(27):55-56.

是高校精准化就业指导与服务工作顺利开展不可或缺的力量。在2019届全国普通高校毕业生就业创业工作网络视频会议上,教育部副部长林蕙青着重指出要"以更优的质量打造就业服务新内涵""促进供需精准对接"。一方面,就业供需拓展对接人才能够破解供需双方存在的就业与招聘信息不对称的难题。就业供需对接人才能够全面精准掌握高校毕业生的就业需求与诉求,通过深入用人单位与相关企业准确了解不同用人单位的市场定位,以及对于招聘用人的要求。实现高校毕业生与用人单位的双向反馈,帮助高校毕业生有针对性地提升与训练自身的专业技能,及时调整自我的职业规划。另一方面,就业供需拓展专门人才能够帮助企业精准了解高校毕业生的专业技能,突破以专业、学历等显见的资料进行选择的局限。全面深入地掌握高校毕业生的培养信息以及就业需求。同时,也帮助用人单位简化考核高校毕业生的程序,有利于促进高校毕业生快速找到自己心仪的岗位。

高校毕业生的就业难题主要凸显为高校人才供给与市场需求失衡,就业管理供给与就业主体需求失衡等方面。[①] 为了突破高校毕业生"找工作难"与部分岗位"招人难"的现状,解决高校与用人单位之间的信息不对称问题,促进高校精准化就业指导与服务,离不开就业供需拓展对接专门人才的培养。一方面,促进就业供需拓展对接专门人才的培养需要高校与企业间建立联结合作。就业供需拓展对接专门人才既需要掌握高校毕业生的岗位需求与职业诉求,也需要了解用人单位的急需招人岗位以及用人要求,因此,就业供需拓展对接专门人才要得到高校与企业的共同支持。就业供需拓展对接人才可以深入参与到高校人才培养方案的制订、教学设计、课程设置等环节中,以全面了解高校毕业生掌握的专业知识与专业技能。此外,就业供需拓展对接人才也要深入到企业一线,走访与调查企业生产的各个环节,充分了解企业的工作性质与就业环境。只有在全面掌握高校与企业的人才培养与人才聘用的基础上,才能突破高校与企业间的信息壁垒,实现高校精准化就业指导与服务。另一方面,高校和企业还可以通过共同建立就业供需拓展对接人才专门基地,实现亲密的供需拓展对接关系。在企业和高校挑选一批负责就业与招聘的人才,建立一个团队。企业可以派遣相关的职业人员到高校,协同高校就业指导人员开展就业招聘工

---

① 徐丽红.以精准供给破解高校毕业生就业难题[J].教育科学,2018(04):55-60.

作,定期与高校的就业指导教师进行交流,共同进行就业招聘等研究。高校可以聘请具有丰富经验的企业管理人员、资深的 HR 等进入校园讲解相关的就业知识与实践技能,以此来弥补校内就业指导教师缺乏实际经验的不足。高校也可以派遣就业指导教师到企业开展拓岗活动,为高校毕业生挖掘更多的就业岗位,与企业建立起密切的合作关系。

主要参考文献

（一）著作类

[1] 陈媛.大数据与社会网络[M].上海:上海财经大学出版社,2017.

[2] 周文霞,谢宝国.职业生涯研究与实践必备的 41 个理论[M].北京:北京大学出版社,2022.

[3] E.H.施恩.职业的有效管理[M].仇海清,译.北京:生活·读书·新知三联书店,1992.

[4] 张科.大学生精准就业模式探索与实践[M].成都:西南交通大学出版社,2020.

[5] 马可·L.萨维科斯.生涯咨询[M].郑世彦,马明伟,郭本禹,译.重庆:重庆大学出版社,2015.

[6] 章瑞.云计算[M].重庆:重庆大学出版社,2020.

（二）期刊类

[1] 王永珍.高校精准就业指导的核心要义和实践路径[J].思想理论教育,2021(8):98-102.

[2] 周贝,陈翠芳.论习近平精准思维的基本内涵及理论特征[J].学校党建与思想教育,2021(24):15-17.

[3] 刘海燕,杨连生.马克思青年择业观的内在意蕴及启示[J].人民论坛,2021(9):71-73.

[4] 池忠军.简析西方就业指导理论的发展演变[J].教育与职业,2004(1):61-62.

[5] 董春辉.用好大数据实现大学生就业"私人订制"[J].人民论坛,2020(4):116-117.

[6] 方伟.构建中国特色大学生职业生涯发展教育理论体系探析[J].国家教育行政学院学报,2022(7):10-18.

［7］伏斐,陶军屹.实行人本化教育有利于促进教育公平［J］.云南行政学院学报,2010,12(3):145-147.

［8］付晶,刘振宇.高校毕业生就业政策主题聚焦点的变迁:基于中央层面政策文本的共词聚类分析［J］.法大研究生,2019(2):659-679.

［9］顾希垚,林秀娟.构建高校毕业生就业质量评价体系探析［J］.思想理论教育,2021(7):108-111.

［10］胡海燕,孙淇庭.高等教育体制与大学毕业生就业的关系:基于2009—2013届大学毕业生的实证研究［J］.大学教育科学,2014(5):41-47.

［11］黄洁.高校精准化就业指导与服务工作的内涵、价值及路径［J］.教育与职业,2022(13):108-111.

［12］李晨希,刘慧.精准化背景下高校就业工作的转型研究［J］.江苏高教,2019(9):102-106.

［13］李文文.我国高校毕业生就业政策变迁的历史逻辑与应然走向:基于"间断-平衡"理论的视角［J］.中国高教研究,2020(12):75-81.

［14］李西顺,方文惠.高等教育普及化阶段我国高校毕业生就业政策中的问题与改进［J］.苏州大学学报(教育科学版),2023(3):85-96.

［15］刘洪超,滕鑫鑫,白浩.基于大数据的高校智能就业平台建设与应用［J］.现代教育技术,2020(2):111-117.

［16］马星,冯磊.提高学生生涯适应力:论新工业革命时代高校就业指导工作的范式转变［J］.高教探索,2021(5):118-123.

［17］任丹.论高校就业育人体系的构建［J］.学校党建与思想教育,2023(8):70-72.

［18］尚亿军,彭自力.新媒体视域下大学生就业服务精准化研究［J］.学校党建与思想教育,2018(9):74-76.

［19］王川.高校"链条式"就业服务体系"耦合效能"提升策略［J］.学校党建与思想教育,2017(7):75-76.

［20］王美丽.大数据时代高校精准就业服务工作研究［J］.思想理论教育,2016(6):84-88.

［21］项炳池.我国高校职业生涯教育的发展基础及当代转向［J］.高校教育管理,2017(3):105-111.

［22］徐丽红.以精准供给破解高校毕业生就业难题［J］.教育科学,2018(4):

55-60.

［23］应金萍.促进高校就业制度体系更加成熟和定型［J］.中国高等教育，
2020(6)：45-47.

［24］张琳,于建贵.习近平"精准思维"重要论述的理论阐释与科学逻辑［J］.思
想理论教育导刊,2021(12)：45-50.

［25］张彦通,张妍."互联网+教育"的本质与内涵［J］.国家教育行政学院学报,
2018(1)：62-68.

［26］钟云华,刘姗.新中国成立以来高校毕业生基层就业政策变迁逻辑与发展
理路:基于1949—2020年政策文本的分析［J］.高校教育管理,2021(2)：
114-124.

［27］周正颐.中外高校大学生就业机制的比较分析［J］.中国成人教育,
2017(2)：74-77.

（三）学位论文类

［1］陈宛玉.青年学生生涯希望的发展特点、影响因素、作用机制及团体干预研
究［D］.福州:福建师范大学,2019.

［2］郭琦.劳动者福祉视角下的大学毕业生就业质量研究［D］.大连:东北财经
大学,2016.

［3］林晶.数字基础设施、互联网使用对就业质量的影响［D］.北京:中国社会科
学院大学,2021.

［4］闵雪.习近平关于教育的重要论述研究［D］.湘潭:湘潭大学,2021.

［5］孙文博.独立学院大学生就业服务研究:以河北省为例［D］.北京:北京交通
大学,2017.

［6］熊玮.高等学校就业指导体系研究［D］.长春:东北师范大学,2011.

［7］周扬.重庆市高校毕业生就业指导现状及优化路径研究［D］.重庆:西南大
学,2022.

［8］舒琳.改革开放以来我国高校大学生就业指导教育研究［D］.重庆:西南大
学,2009.

［9］宋晓宗.美国大学生就业指导理论与实践研究［D］.长春:东北师范大
学,2010.

（四）外文文献类

［1］KRUMBOLTZ J D.A learning theory of career counseling［M］//SAVICKAS M

L, WALSH. Handbook of career counseling theory and practice. 3rd ed. Palo Alto, CA：Consulting Psychologists Press, 1996.

［2］International Labour Office Geneva. Report of the Direct General：Decent Work ［EB/OL］. International Labor Organization. International Labor Conference. (1999-06-28)［2022-09-01］.

［3］OECD. How Good is Your Job? Measuring and Assessing Job Quality［EB/OL］. OECD. Statistics. (2014-09-03)［2022-03-01］.

（五）其他类

［1］陈先哲.高等教育普及化时代的就业观须转型［N］.中国教育报,2019-05-02(2).

［2］建设高水平高校人才培养体系：五论学习贯彻习近平总书记在北京大学师生座谈会上的重要讲话精神［N］.中国教育报,2018-05-07(3).

［3］赖得胜.更加重视高校毕业生就业［N］.经济日报,2023-05-31(11).

［4］中华人民共和国教育部.普通高中课程方案(2017 年版　2020 年修订)［S］.北京：人民教育出版社,2020.